U0149373

撿 貝 殼

許 其 正 著

文 學 叢 刊

文史哲出版社印行

國家圖書館出版品預行編目資料

撿貝殼 / 許其正著.-- 初版 -- 臺北市：
文史哲, 民 108.08
　　頁；　公分.（文學叢刊；410）
　　ISBN 978-986-314-484-7（平裝）

863.55　　　　　　　　　　　　　108014353

文 學 叢 刊　410

撿 貝 殼

著　　　者：許　　　其　　　　正
出 版 者：文　史　哲　出　版　社
　　　　　http://www.lapen.com.tw
　　　　　e-mail：lapen@ms74.hinet.net
登記證字號：行政院新聞局版臺業字五三三七號
發 行 人：彭　　　正　　　　雄
發 行 所：文　史　哲　出　版　社
印 刷 者：文　史　哲　出　版　社
　　　　　臺北市羅斯福路一段七十二巷四號
　　　　　郵政劃撥帳號：一六一八○一七五
　　　　　電話886-2-23511028・傳真886-2-23965656

定價新臺幣三○○元

二○一九年（民一○八）十月初版

序　傻傻地做

　　1980 年代，是我寫作的一波高潮，同一時間裡有三個系列作品在進行創作。第一是「珠串」系列。那是精純的我自稱散文詩系列。第二是「履痕筆記」系列。那是我一直以來寫的鄉土文學創作系列。第三是「人間散記」系列。那是顧名思義可知較具人間事的作品。人間事紛紛繁繁，林林總總，表面上似乎沒什麼好寫的，但是如能抽絲剝繭，其中有許多是可以挖掘的，只在是否用心去體會，尋出其意義所在。雖然後來發現有人也用相同的名稱，我把這三系列作品名稱稍微修正；但是原則上，主軸沒變。

　　收在這裡的作品，就是那時第三系列「人間散記」的作品。

　　這一系列作品，當時我訂下的寫作原則有四個，即可讀性，故事性，諷刺性，啟發性。我現在這一說，聰明的讀者一定知道，我這一系列的作品，和我一向的寫作路線相當不同。它們大都有一個小故事，然後，或是諷刺，或是啟發。最具代表性的就是定為本書書名的「撿貝殼」這篇。它寫剛從國中畢業的三個同班同學，到海

邊去玩，在海邊沙灘撿貝殼，好高騖遠的兩個，汲汲營營去撿，找遍了整個沙灘，終於比不過「不見異思遷」，真正用心撿的那一個。他撿的貝殼，既多又漂亮，既大又紛繁。而他的在校成績也一樣比他們兩個好很多。其啟發性就在最後這話：

　　「做任何事都一樣，蹲下來，穩下來，傻傻地做，不見異思遷，不好高騖遠，終會有所成的。……」

　　沉穩，不急躁，不急功近利，「傻傻地做」，即使被譏為傻子，也無所謂。從事任何一件事，想成功，就是要有這種傻勁。許多事情都是這樣做成功的。不是嗎？有錢人不是一點一滴慢慢積聚的嗎？大學問者的學問不是一點一滴積聚起來的嗎？有成就的作家不也是一點一滴寫出來的嗎？……

　　當然，不是每篇都點出篇章的啟發性意旨所在，很多篇章都用暗示的手法，把啟發性意旨放在字裡行間，讓讀者自己去體會。如果每篇都把啟發性意旨點出，那讀者就沒什麼好讀的了。所謂「不是只給魚，給釣竿。」讓讀者自己，去尋找，去發現，比直白地給答案更有意義。或許也可以用「無聲勝有聲」來形容吧！作品的可讀就在這裡。

　　最後要說明的是，時間隔久了，有些現在環境已改變，讀者可能就要屈就一下，把時間拉回那時候去讀。

撿 貝 殼

目 次

母親的微笑

「吃飯了！」

最先喊起來的自然是作母親的，然後其他的家人也都跟著喊了起來，同時向飯桌集中……。

突然，從一片雜亂聲中，有個聲音響了起來。那是作姐姐的阿芬：

「咦，阿芳呢？」

於是，全家掀起了一陣騷動：一個個都開始尋找起家中的老么阿芳來了。

「阿芳哪裡去了？」

「阿芳還沒回來嗎？」

「有沒有在廁所？」

其實，她並沒有走遠，是躲在她的臥室裡。

是阿芬找到的。大概是姐妹比較知心吧！大家一找起阿芳來，她便直覺地走往阿芳的臥室。當她打開臥室的門時，本想大喊「在這裡！」的，卻被阿芳的情況給嚇得大張著口，話到舌尖又溜回了咽喉：她趴在床上，肩頭抽動得好厲害，顯然是悲極而哭。

「怎麼了，阿芳？」

　　她這麼問了好久，並且說了許多安慰的話，才由阿芳的一邊哭泣一邊敘述中得知她的遭際：

　　明天就是母親節。她下午上街想買一份母親節禮物送給母親，沒想到在街上碰見了同學阿玲等五個人，一問才知道她們要去孤兒院慰問孤兒，便跟著一起去了；一到那裡，她們五個人把身上的錢全取出來，送給孤兒，她自然不能一個人例外，也把要買母親節禮物的錢一起送出去了。回家後，她越想越不對：為什麼把錢通通送給孤兒，以致沒法買禮物送給母親，給母親賀節？……像她這麼小年紀的國中一年級學生，只得傷心地躲進臥室，獨自飲泣，連晚飯也不知道吃了。

　　「把錢送給孤兒慰問他們是很對的呀！」阿芬聽完了她的敘述以後，說：「妳這行為的本身就是送給媽媽的最佳母親節禮物了。」

　　「阿芬說得對。妳這行為就是送給我的最佳母親節禮物。」臥室門口突然響起了她們母親的話。原來她已站在門口聽了好久了：「阿芳，妳能這樣做，我最高興了。我多麼高興我有妳這麼一個富有愛心的女兒呀！來，我們一起吃飯去！」

　　阿芳的臉上頓時綻開了一朵微笑的花朵，頰邊還留有未乾的淚。

　　　　　1980 年 10 月 2 日　青年戰士報「新文藝」

肅然起敬

　　高中聯考第一天第一節上課鐘才響過，所有考生都已進入考場了，家長們在考場外聚集著，也有聚集在校門口的。他們或坐或站，在那裡窮聊。本來嘛，陪考就是最苦的一件事，沒話找話說地窮聊，把陌生人當熟人來聊，是很自然的現象。

　　突然，說時遲那時快，一個小姐騎著一輛五十西西摩托車，載著兩名女考生，急急朝校門口直撞過來，煞不住車，撞上了校門左邊的門柱。好在車子經過煞車，速度不快了，摩托車倒了，人沒怎麼樣；兩名女生則早已從地上爬了起來，撢撢衣服，飛奔向考場⋯⋯。

　　「怎麼有這麼性急的小姐？」大家都你一言我一語地圍過去。

　　那小姐扶起摩托車，紅著臉，查看她的摩托車，只見左後方方向燈已壞。她再去查看校門口門柱，結果沒什麼損壞。

　　「小姐，騎車要小心！這樣很危險。」

　　「是呀！只是我怕她們趕不上考試時間，不能進考場考試，只好急著衝了；沒想到這輛借來的摩托車，騎不慣……。」

　　「你們是從哪裡來的？」

　　「火車站。」她頓了一下，「我本來在車站前賣水果，只見她們下車後，急得什麼似的，既請不到計程車，走路到考場又必定趕不上；我便急忙借了這輛摩托車載她們來，希望她們趕上考試時間。謝天謝地，她們終於趕上了！……」

　　「聽妳這麼說，難道她們不是妳什麼人嗎？」

　　「哪裡是什麼人？一點也不認識。載她們來，只是不忍心看她們急成那樣。」

　　大家一聽，都傻了，都對她肅然起敬了。

1980 年 10 月 26 日　台灣新生副刊

白　髮

　　「媽！您的頭髮……」老么阿品突然這麼叫了起來，害得全家另外三個女孩緊張了起來。差不多每個人心裡都在想：

　　「明明跟她說得好好的，不能講，她偏偏要講。真是不懂事的小鬼！」

　　四個姐妹中，最先發現媽媽頭上有白髮的是老大阿珍，然後傳遍了全家。媽媽雖然未明白表示出來，但最近常常在有意無意間發出只有女兒沒有兒子的感嘆，怕老境堪憐。這雖是多慮，但她們都很具孝心，怕媽媽知道有白髮以後會傷心，因此大家約定絕不能告訴媽媽，由於老么阿品年紀最小，才十三歲，就讀國中一年級，平日又常留不住話，怕她不小心說出來，還特別叮嚀過她，沒想到她還是說了出來，害得大家緊張不已。

　　老大阿珍雖然很緊張，但她在媽媽對面，只得忍住了，不能表現出來，只裝作若無其事地用眼睛瞪視著她，為的是怕媽媽看出來。

老二阿玲在媽媽的左邊，立刻舉起左手食指，輕按她的嘴唇和鼻子，右手高舉作投擊狀，提醒阿品不得再講下去。

在媽媽右手邊的老三阿珠，最靠近阿品，距離媽媽最遠，立刻移位過去，輕聲地對她提出警告。

「我的頭髮怎麼樣，阿品？」媽媽的話響了起來，震動著三個女孩的心。

「沒有啦，沒有怎樣啦！」除了阿品以外，其他三個女孩齊聲爭著回答。

「怎麼沒有？阿品，妳說話呀！」媽媽堅持著要阿品說話，令三個大的心裡蹦蹦跳，不知如何是好。

阿品仍然沒有說話，三個姐姐更緊張了。

「其實，妳們何必瞞著我？我早知道了，我的頭髮白了，是不是？」她的話像鐵錘，一記一記敲著她們的心。

「媽！那不是白髮！」阿品終於說話了，「那叫智髮。那是媽媽辛苦養育我們的標記。我們都感謝您，媽媽！」

媽媽笑了，其他三個也笑了。全家擁抱在一起，在盈盈的淚光裡。

1981 年 1 月 21 日 世界日報光華島

書櫥？酒櫃？

老王調差屏東，報到安頓好後，便到我家來了。

我們是大學同班同學，「同居」了好幾年，情同手足，無話不說；雖然畢業後，各奔前程，少有見面機會，但借魚雁往返，情誼仍在，無話不說照舊。

「這不是書櫥嗎？」一進門，看見擺在客廳的櫥子，他脫口就問。

「是呀！」

「怎麼擺酒不放書？」

我無言。

「你是一個讀書人，號稱愛書；但書櫥竟然用來當酒櫃，慚愧！為什麼不換一下，改放書？其實，酒本來就不能擺在這裡的。這裡太亮了。酒會變質的。酒都是擺在暗處的。那樣才不會變質。不要跟人家流行！你這樣做，書罵你，酒也罵你。」

「好吧！我改天給換過來就是了。」

「改天？等改天幹什麼？現在就換。我們一起動

手！」

　　他說到做到，硬是逼著我動起手來。

　　「都擺這些幹什麼？大部頭書是俗人擺著好看的，裝飾門面的，不是可以讀的。難道你讀那些大部頭書嗎？你讀的是那些真正有內容的。尤其你自己寫的書，那樣有內容，為什麼不放？怕人家知道？出版是藏著不讓人看的？那就不要出版嘛！應該先放你的大作。就說是為自己宣傳也好。……」

　　我們七手八腳地搬著，排著，放著。只聽他一會兒這個意見，一會兒那個意見，這樣排，那樣放，約一個小時，完成了。

　　「這不才清新脫俗，有書卷氣！」

　　我審視了一下，不得不同意他的話：果然清新脫俗，有書卷氣。

1983 年 9 月 25 日　中央日報晨鐘

老師的臉

「各位小朋友，這節課大家來畫老師的臉。」

他才一說完，全班學生便異口同聲地大叫：

「好！」

本來就是這樣！他每次要學生做什麼，從來沒有一個敢哼一聲不的。他的嚴格，他的兇名，在這所學校裡，早已確立了。好些調皮搗蛋的學生，別的老師是管不了的，到他面前，要他一就一，要他二就二，要他把黑板說成白的，他就非說不可，絕無第二句。絕大部分學生，老遠看到他，就像看到閻王，調轉方向便走開，不敢正面和他碰頭。多威風！當老師就要像這樣有威風嘛！好些家長還會找校長，拜託把他不聽話的孩子編到他的班上呢！孩子一進到他的班上，就乖乖的了，雖然回到家裡還是一樣不聽話，到處搗蛋⋯⋯。

像他這樣的好老師，在學生心目中，當然早就有美好的畫像了。他今天要學生畫老師的臉，便是有這樣把握的。他很有自信學生畫出來的他的臉，必然是福相，

是美相，也一定是嚴肅威武的⋯⋯。

　　他得意地想著。

　　除了畫筆在畫紙上的沙沙聲，全班沒有聲音，靜悄悄的⋯⋯。

　　下課鐘響了。他走回辦公室。

　　不久，班長把學生的畫送來了。他給攤開來看：

　　學生所畫的他的臉，每一張都是：兩個大鼻孔，裡頭還有幾根毛⋯⋯。

1983 年 10 月 17 日　中央日報晨鐘

黑白道上

　　那天，我到陳姓學生家訪問。

　　他父親自來走的黑道，雄霸一方，至今仍然。我一向對他印象不好。

　　談了些話，他教訓起孩子來了。

　　「現在有機會給你讀書，你不好好讀，將來後悔就來不及了。你不要再像你爸爸這樣！黑道不是好走的，只有白道才好走。尤其是不識字，賺再多錢有什麼用？我今天雖然有好幾千萬，要什麼有什麼，但整天就像陷在黑暗中，心裡不安寧，有時會覺得精神要分裂，真的是太痛苦了。我真想收腳洗手呢！」

　　沒想到，這麼一個經營茶室、酒家、馬殺雞理髮廳、某類飯館、販賣人口、販賣禁藥、走私、無所不為的黑道中人，竟有這樣的論調，實不簡單，也使我對他的印象大大地改變了。等他的孩子走後。我問他。他答覆說：

　　「人都有向善向上的心。即使再壞的人，仍有良心在；在他做壞事時，心中也知道錯，只是往往由於其他

因素，無法自拔而已。一個人應好好做人，不應誤入歧途！」

　　這話，是暮鼓晨鐘，可以震聾發聵而有餘。人間之所以充滿光明，值得活下去，或許就是這個緣故吧！

1983 年 12 月 12 日　民眾日報副刊

教師期望

　　常聽人說，陳老師是一個好老師，教書很有一手，任何差的班級，只要他一任課，成績立刻提高。這到底是真是假，因為沒和他同校過，只得存疑。巧的是，這學期他竟轉來和我同校任教了，經過幾次的印證，果然傳言不虛。

　　首先我參觀過他幾次教學，不覺得有什麼可取，甚至比我教得差。我請教他。

　　「沒有什麼，」他說：「我只是在第一節上課時，給他們定一個高一點的分數，作為他們努力的目標，要他們一定達到而已。」

　　「我看不出這樣就能讓他們提高成績。」

　　「很簡單，定得高些，他們會努力去達到，即使達不到，也會在那邊緣附近，譬如定九十分，他們便可達到八十幾分，近九十分。這成績比平常高出很多。」他頓了一下：「如果像一般人定六十分，他們也只能達到五十幾分。」

「這樣嗎？」

「當然了。這叫做教師期望。其實我國古時候就有人說過了：『取法乎上，僅得其中；取法乎中，僅得其下。』就是這樣。」

原來如此！

我照著他的方法去實施，果然有效。

1983 年 12 月 12 日　民眾日報副刊

螃蟹睡覺

　　──喂！大家快來看呀！我的螃蟹睡覺了。

　　──是吧！沒錯吧！呃！……我要牠們睡覺，牠們就乖乖地給我睡覺，沒有一隻敢動的。

　　（沒有一隻，不，沒有一個敢動的。我要他們怎樣，他們就得乖乖怎樣！）

　　──我王校長怎麼會醉？我是海量，從來沒有醉過，今天才喝了一瓶紹興，怎麼可能醉？

　　（不會醉！我這是裝的。）

　　──因為酒味太濃是吧！因為我平常嚴肅不隨便是吧！……呃！這樣我就醉了？只喝那麼一點點，就認為我醉了，那是太小看我了。

　　（太小看我了。我是什麼人？我說的話，誰敢不聽？連螃蟹都要聽！牠們，不，他們不敢橫行！我在這裡當了十幾年校長，從來就沒有人敢！）

　　──呃！睡覺！睡覺！誰敢動？乖一點！要你睡覺，你就得睡覺！要你不動，你就得不動！要你怎樣，你就得怎樣！

　　（要你怎樣，你就得怎樣！你還敢動？還敢不聽

話？還敢橫行？）

　　──好了！乖！要聽話！……呃，再抓來兩隻了。一、二、三……十八隻。再去抓！太少了！多些又怎樣？一隻一隻都要聽話。我要牠們睡覺，牠們就得睡覺！要牠們怎樣，牠們就得怎樣！

　　（一隻隻，不，一個個都要聽話，我要他們怎樣，他們就得怎樣！）

　　──嗯，不准動！……哇！我的手都來不及抓了。……都是你們把牠們吵醒的。你們國中的老師，不要吵醒牠們。牠們一被吵醒，就要會橫行起來的。嗯！好了！聽話！乖一點！

　　（不准動！我王校長在這裡當了十幾年校長了。誰敢不聽話？誰敢亂動？從來沒有這樣的事！他們國中新成立，沒有地方上課，借我們的教室上課，帶動他們醒來的。他們，王老師和丁老師，他們也要蠢動了？也想橫行了？還早呢！）

　　──不准動！不准動就是不准動！……好，再兩隻了。還少兩隻，都給抓來睡覺。我要牠們睡覺，牠們就得睡覺。我要牠們怎樣，牠們就得怎樣。

　　（還少兩隻，不，還少兩個……就是那兩個，王老師和丁老師，想蠢動，想反抗，不聽話，不服從，早得很呢。我要他們怎樣，他們就得怎樣。）

　　──喂！不准動！……

1981 年 7 月 27 日　民眾日報副刊

另一種捐

　　新開專營學生午餐便當店，要我鼓勵學生訂便當？哇，沒想到他也想做生意了。以前教他的時候，他是屬於不良少年一類的：功課差，品行不好，懶惰，散漫，常走訓導處……現在畢業幾年了，廿五歲了吧！知道奮發了。應該幫忙。這樣的學生真是「孺子可教也」。但他以前在校時有那些不良紀錄，我還是加了一句：

　　「要有信用。不能拆老師的台喔！」

　　這是今年三月間的事了。沒想到他「江山易改，本性難移」，我鼓勵了些學生向他訂午餐便當，沒幾天便紛紛反應了：不好，飯硬，有時半生不熟，尤其魚或肉常有咬後見血現象，比別家差多了……。我求證的結果，真的如此！要他改進沒有結果後，我告訴學生自己決定，是否繼續訂或改訂別家的。

　　今年八月，暑假將結束學期將開始的前幾天，他到學校找我，拿五千元給我，說訂便當的人太少，要我拿這些錢去買通班長，為他拉訂戶。別家就是這樣。我一

再拒絕，他仍把錢丟下，走了。

　　這種事，我怎麼能做？我把錢送回去，他又送來；拉拉扯扯，沒辦法，我只好把錢用信封裝了，封了口，鎖在抽屜裡。

　　開學後，他的訂戶少是自然的事。

　　大約第三週，信來了，要我把錢交給福利社主辦的小姐還給他。

　　為什麼不親自來拿？是要讓福利社主辦的小姐傳揚出去，說我人格有問題？

　　於是，我不理他。

　　過了一週，又來信，仍要我把錢交給福利社主辦的小姐還給他。

　　我還是不理他。

　　又過了一週，又來信。好難聽的話：做老師的，要有人格……。

　　他把我看成什麼？我堂堂一個教師，人格是這樣的？……我氣壞了，把信撕了。後來想想，又從垃圾桶給拾起來，保存著。

　　下一個禮拜天，他到我家來了。

　　「我跟你說得很清楚，要有信用，不能拆老師的台。你這是幹什麼？收買班長拉訂戶有什麼用？品質不改善，今天訂了，明天停了，你不是白白浪費了錢？告

訴你不要，你硬是塞給我；現在你想要回去，為什麼不親自來？信寫得那麼難聽，用明信片寄，已構成毀謗罪了。那些錢，我早就用信封裝好，放在學校我的辦公室抽屜裡，等你隨時來拿。現在我們一起去拿了送給少年城，當作你的捐款，我可以原諒你……。」

他沒話說，終於一起去拿了錢，送去捐給少年城。

1983 年 12 月 30 日　民眾日報副刊

庸醫何其多

王老師悄悄地告訴我，她患了子宮癌，想去開刀，要我準備調度代課。

聽了這話，我很驚訝。她是一位認真教學的好老師，一向心寬體胖，氣色很好，怎麼可能？

「檢查過好幾次了。醫院這麼說，檢驗院也這麼說，都要我去開刀，越早越好，不要猶豫。」

「怎麼發現的？」

「起初是流血，正是經期，我本來不以為意，沒想到月經沒來，卻好幾天流血不止，只好去檢查了。結果卻……。」她是我的學生，和我無話不談，但說到這裡，聲音變小，有點泫然欲泣。

我審視了她一下，發覺她確實氣色比以前差，人比以前憔悴。但是，流血流了幾天，加上憂慮，我想自然會這樣。

「要仔細檢查。誤人的庸醫多的是，不妨多跑幾家；如果是真的，當然越早開刀越好。」

「就是不甘心。」她的聲音有些沙啞。

接下來幾天，她每天上午來上課，下午因暑期學藝活動沒課，跑醫院，幾乎附近所有婦產科醫院都跑遍了，檢查的結果都一樣：子宮癌，越早開刀越好。

當然，她的氣色越來越差，人越來越憔悴，比以前瘦多了，到最後竟有些虛弱不堪。只要見到她，我心中便覺得：老天太不公平了，這樣一位認真教學的好老師，又一向心寬體胖，氣色很好，為什麼叫她得這種絕症？

就在「不甘心」下，拖了五天。第六天一早到校，她便跟我說：「受不了了。我準備今天北上，到台大醫院開刀。下禮拜起，我的課請排代課。」

話聲那麼虛弱，透著濃濃的悲傷。

我雖有無限的惋惜，滿腔的悲憤，又能如何？

沒想到，當天晚上，她來了電話。「一個以前的同學告訴我，到他的醫院檢查，結果醫生說不是，是上次剖腹生產有些毛病，吃吃藥就好。我說近十家醫院和檢驗院都說是的，怎麼可能不是？他說，如果是，可以砸了他的醫院招牌，他願一生不再做醫生。我當然信了。」

我很恭喜她。

下個禮拜一，她真的如常到校上課，氣色也好多了。不再有子宮癌的困擾了嘛！

　　這是暑假的事了。她沒去開刀。從那時起，只是每週去檢查一次，拿藥吃。

　　今天她跟我說：「託你的福。醫生說，好了。」

　　哇！再高興沒有了。

　　我審視了她一下，氣色、身體已恢復以前的樣子了。果然誤人的庸醫多的是！而且，他們給予病人心理上的威脅比身體疾病的本身，不知大了多少倍？

　　　　　　　1984 年 1 月 18 日　民眾日報副刊

惡　戲

「別展風神！我說，你絕對不敢惹阿信。」

「為什麼？」

「因為你根本打不贏他。」

「幹！你才打不贏他呢。」

「你只在他的背後罵皇帝，真正碰到他，你就像一隻夾尾狗了。」

「幹！誰講的？」

「我講的。你根本就沒爛鳥。」

「你才沒爛鳥哩！」

「我知道，你絕對不敢！你不但打不贏他，而且你已經留校察看了，你不敢！」

「幹！什麼留校察看不留校察看！留校察看我根本不看在眼內，讀不讀書我都無所謂。」

「違心論！」

「絕對不是！不相信，我揍他給你看。」

「好哇！有爛鳥！……哦，他從那邊來了，現在要

看你的了。」

「好！你看我的！」

………

「哇！不敢！不敢！阿仁，你沒爛鳥！只在他背後罵皇帝！看！你還在發抖，向後退呢。來，我推你出去！……一、二、三，去！」

ＸＸＸＸＸ

「阿仁被訓導處叫去了。這下準完了。他本來就留校察看了，現在又打阿信，一定會被退學的。讀到高二了，好好的前途就要毀了。」

「都是阿義害的。阿仁雖然壞，內心也是有顧慮的。若不是他推阿仁出去，他是不敢的。被推出去，阿仁被逼上梁山，只好假戲真做了……。」

「阿義，夭壽呀！」

1984 年 5 月 27 日　商工日報春秋

大人、小孩和花

　　利用暑假，帶孩子們到高雄市中正文化中心一行。

才進大門，他們便被路旁所種的花給迷住了。

　　「哇！好多花呀！」

　　「快來看！這些花好漂亮呀！」

　　他們三人，一個個活像翩翩飛舞的蝴蝶，各自奔向自己的方向，去找尋、發現、欣賞各種花，不時發出歡呼聲，散溢出驚奇、喜悅、讚嘆……。

　　高雄市中正文化中心確實不小，除建築物、道路、廣場、停車場等，還有好大的空地，設計美化得很不錯，所種的花草樹木，在春日的晴陽光照下，一棵棵使出渾身解數，把自己打扮得花枝招展，漂漂亮亮，在春風吹撫下，搖曳生姿，生氣勃勃地在大地的舞台上展現自己。

　　遊人眾多，男的，女的，老的，少的，人來人往，看花的，奔走的，到室內參觀的，小孩子則大多志在寫生，放風箏。

　　「哇！好多花呀！」

　　突然，一個小孩子的叫聲從左前方傳了過來。我循聲看去，只見一個十幾歲的男孩，正走向一排花圃。

　　「媽！快來看！這些花好漂亮呀！仙丹、九重葛、炮竹花……。」

　　一個穿著入時的少婦，應聲走了過去。「是呀！真漂亮！折一支九重葛回去種好了，很容易活的……。」

　　說著，她伸手要折花枝，卻被那男孩給阻止了。

　　「為什麼？」

　　「妳折了，別人便沒得看了。」

　　「只折一枝有什麼關係？」

　　「老師說過，這樣是沒有公德心。一個人折一枝，人那麼多，便被折光了，後來的遊客要看什麼？」

　　「小孩子，懂什麼公德心不公德心？……」她仍伸手要折，不料那男孩伸出雙手，拉著她的手往大門外奔去……。

1984 年 6 月 29 日　成功時報南風

玫瑰之愛

「是我的！」

「是我的！我先看到的！」

「我先『號』的。是我的。」

沒想到兩個小傢伙在那邊吵起來了。

夏天是燠熱的。在南台灣，更是炎陽高照，燠熱難當，尤其是中午，室內熱得像烘爐，烘得人難受。我又不喜歡冷氣機製造出來的冷氣，沒裝冷氣機，沒地方好躲熱，只好帶他們到在附近他們就讀的國小躲熱。

暑假裡，學校沒有學生，正好可以滿足我這個願望。

一到國小，我向學校借了籐椅，坐在樹蔭下乘涼。兩個小傢伙便跑去玩她們的。

姐妹倆本來感情很好，很少爭吵。來這裡，不管是玩玻璃彈珠或橡皮筋、灌土蟋蟀、玩泥巴或溜滑梯等等，她們很少發生爭執，今天卻爭執得這麼厲害，吵得我不得不從書頁間抬起頭來。

原來她們是為了一朵玫瑰花。那花整朵都綻放了，花片上展現著紅色，展現著美……。

　　她們大概是為了這朵玫瑰花太美了，以致引起爭執的吧！

　　「妳先『號』的？妳有沒有寫上名字？」

　　「妳先看到的？妳又有什麼證據？」

　　「我說我的就是我的！不准妳看！」說時遲，那時快，靜靜搶過去，站到惠惠前面，企圖遮住她的視線。

　　「是我的！」惠惠不甘示弱，用手要推開靜靜，卻把她推得撲倒在玫瑰花上。

　　「哇！嗚嗚……。」她哭了起來。

　　我拋下書，立刻跑過去，把靜靜抱起來。

　　原來她撲倒下去，被玫瑰的刺刺傷了。血從傷口流了出來。

　　「沒關係。只流了一點點血。我給妳敷藥去！」

　　我抱著她到學校醫務室。經過一陣手忙腳亂，敷好了藥，正想回到原處，沒想到惠惠把那朵玫瑰花採來了。我正要大發雷霆，指責她怎麼可隨便攀折花木，卻見她把花遞到靜靜手中：

　　「姐！對不起！這朵花是妳的才對。」

　　只見靜靜從淚光中笑了起來，惠惠也笑了，一時之間，我也語塞了……。

1984 年 8 月 23 日　成功時報南風

底

　　黃君終於因為貪污被判刑了。

　　從小和他一起讀書長大，我對他認識很深。他一向愛撿便宜，偷雞摸狗，混水摸魚，做事打高空，不實在，敷衍塞責，好耍手段，讀書也是如此。印象很深的是在大學時，某次期末考前夕，他仍照常大跳其舞，但卻考得很高分。原來他是帶小抄的。他還恬不知恥地以此自誇，大言不慚。

　　幾年前，他攀上了某要人，出任機要秘書，紅極一時。我一直懷疑，像他這種人，怎麼能這麼喧囂塵上？也一直相信，這是不會長久的，遲早會有翻底的一天。果然不出我所料，翻了底了。

　　我小時的同學、朋友，和他一樣的已有四個了。相信這不會是偶然的。

　　人的底很重要。是不行，底不好，即使一時得意，也沒什麼好羨慕。他終究會有翻底的一天的。把底打好，一步一步實實在在地做事，才能長久。

　　　　　　　　1984 年 9 月 26 日　成功時報南風

成　長

「許老師，您好！」

這第一個向我打招呼的是誰？

王瑞正是這期學生中和我比較有連絡的。那天，他打來電話，說他們畢業已八年多了，平日大家各自東西，很少見面，要在九月十日，趁大家回鄉過中秋之便，聚聚聊聊，要我這個他們當年的導師，出席參加，「蒞臨指導」。

我到時，第一個出來「迎接」，和我打招呼的，我竟然認不出來。

大概看出我認不出他而發楞，他直截了當地說：「老師認不出來了吧！我是潘筆能。」

怎麼可能？

就他的同字臉，深黑大眼睛和平埔腔來說，他是潘筆能大概沒錯；但是潘筆能怎麼可能這樣？在我的印象中，潘筆能很矮，差不多只有一百四十公分，瘦骨嶙嶙，拖著兩條鼻涕，邋邋遢遢，功課極差，每次月考，八科總有七科以上不及格。當時人家志願保送士校，他馬兒不知臉長，也申請參加。體格檢查的結果，不及格自然

是意料中事。妙的是車子來接人的時候，他死皮賴臉地哭著要人家一定載他去。人家沒辦法，只得載他去了。到了士校，竟然雙膝跪下，哭著要求承辦人及校長准他入學。士校校長後來被他感動了，只好特准他試試。在當時，這件事曾是一個大「笑談」。眼前這個人，身高約一百八十五公分，俊挺壯碩，衣著整潔，彬彬有禮，富於文化氣質。我怎麼想都沒法把他們想攏在一起。

「何止老師？他們也大都認不出是我。」

「你現在還在部隊吧！」

「是。但也不是。」

「我不懂。」

「我還沒退伍，但在台大就讀。」

「我更糊塗了。」

「是這樣的，老師！」不知什麼時候，王瑞正已到我們旁邊了。他聽見我們的談話，插嘴說：「他進士校後，因為有決心，加上努力，功課便好起來了，每次考試都是前三名。另外，大概不願辜負士校校長的特准，身子也長高了……。」

「不是這樣。我想是到了士校，生活有規律，起居正常，營養夠，身子便長高長壯了。」他自己這樣一說，我才記起當時他家很窮，父親已去世，兄弟姐妹七個，加上行動不便的祖母，一家全靠他母親做糖廠臨時工的收入過活。

「當然是了，我剛才是說著玩的。」王瑞正說：「士

校畢業入部隊後，長官們一再鼓勵讀書上進考大學，請預官給隨營補習。一年後，他終於考上台大了。」

「只有他一個？」

「當然不止了？」停了一下，他又說：「老師，您知道他就讀什麼系嗎？」

「什麼系？」

「電機系。他是本校畢業十一屆學生中唯一讀理工的。」

「哇！」

「他還沒退伍，部隊除發給他薪水，還送註冊費，不回部隊吃飯，伙食費照給，床位照留，他回不回去睡都由他。」

「有這麼好？」

「他晚上還在南京東路一家汽車公司上班，薪水每個月一萬八，只坐辦公室，有人來看車子，說明一下，如果買成了，還有介紹費好拿。所以，他已經事先說好了，今天同學會所有費用，全部由他包了。」

「哇！了不起！」不知什麼時候，已圍聚了不少人。大家同聲發出讚嘆。

只見他謙虛地說：「不敢當！都是母校、士校和部隊給我的大恩大德，還有，託各位的福。我實在很感謝，一生永遠不會忘記。」

1984 年 1 0 月 4 日　成功時報南風

身　教

　　今晨的服裝儀容檢查，出乎意料之外，情況異常良好，尤其是頭髮，沒有一個人不合規定。

　　這是以往所未曾有的。平日服裝儀容檢查，總會有人不合規定，即使把標準放得再寬都一樣；尤其難能可貴的是：這次因為頭髮的新規定，曾激起很嚴重的抗拒和爭執，造成很大的風波，最後竟然情勢急轉直下，以喜劇圓滿收場。

　　是去年十二月下旬，他因為外出，有機會看了些學校，它們的學生頭髮短，甚至有學校男生留光頭，很覺乾淨、清爽、美觀、活潑，自己學校的學生，由於心軟，標準一再放寬，以致頭髮太長，有些女生變了髮型，甚至燙髮，有些男生披頭散髮，男不像男，女不像女，人不像人，鬼不像鬼，便規定從今年起，大家要除調去年的「毛」病，改「頭」換面，把頭髮剪短，男生三分平頭，女生齊耳根，不可有其他髮型，更不能燙髮，否則一律動剪刀剪短。

　　規定一宣佈，全校大嘩，群起「護髮」：剪短了有什麼好處？冬天這麼冷，故意要折磨我們？教育廳明明規定女生頭髮只要不碰到後衣領就可以，為什麼要規定非齊耳根不可？違反教育廳的規定可以嗎？訓導處的人員全部都披頭散髮，為什麼要規定男生非留三分平頭不可？……

　　抗拒，不滿的意見從四面八方湧來，從學生那邊湧來，學生家長那邊湧來，透過導師、週記、班會、信件、電話、直接晤談甚至校長這些管道湧來，形成一股巨流，幾乎抵擋不住……。

　　他不予理會。他仍然執意要做。他認為，只要對學生有益處，生死不改。他每天在升旗時，一定向學生宣導一次，希望平服這一不滿的情緒……。

　　平服得了嗎？不但平不服；相反地，越想平服，抗拒越厲害。

　　那天，他趁放假，去看最疼他的高中時導師李老師，向他請教。

　　「身教重於言教。許多當老師的，舌燦蓮花，講得頭頭是道，卻光說不練，學生怎麼會聽他的？像你，學生說得沒錯，你當訓導主任，自己披頭散髮，卻規定學生留三分頭，誰會服你？即使服了，也只是表面而已。如果你把你的披頭剪了，留三分頭，以身示『髮』，今

天禮拜天，明天升旗後上台隨便一講，便不會有人抗拒了。不然的話，你只好收回你的成命。」

　　他照李老師的話去做，果然有奇效：不再有抗拒，今晨的服裝儀容檢查，出乎意料之外，情況異常良好，比平日更好，尤其是頭髮，沒有一個人不合規定。

　　　　　　1984 年 10 月 13 日　成功時報南風

唉，好險

──舊日記二則

1

媽媽最討厭了。她最喜歡給我唸經。我又沒犯什麼大錯，她動不動就唸，一天到晚沒完沒了，簡直煩死了，討厭死了。

就以剛才來說吧！根本沒有什麼；但柱子一走，她竟大驚小怪起來了：

「他想要你做什麼？」

「沒有啦。」

「怎麼沒有？……到底什麼事？」

「沒有啦。給妳說沒有就是沒有。」

「怎麼沒有？我站在外面，都聽到了，你還騙我說沒有。」

「聽到了還問？」

「告訴你，那種事絕對不能做！你這麼大了，而且讀了大學了，怎麼還被他利用？被他牽著鼻子走？你想

想，代他考大學，若是被抓到，怎麼辦？」

「他說，我們把底片重疊著洗，洗出來的像，既像他又像我，沒有人會分辨得出，抓得到。」

「就說沒當場被抓到，將來也會被查出來的。別傻了。你的字跡是永遠消失不了的。我絕對不准你做這種傻事！」

「但是我已經答應他了呀！」

「答應了有什麼關係？難道答應人家做壞事情，也要守信用嗎？」

我是沒話說了。但我還是不甘心。就任她去唸經吧！看她唸得有完沒完。反正她說她的，我做我的。

2

果然媽媽比較高明。柱子請人代考大學的事，現在被查出來了。看！報紙登得這麼大。

他是「考」上了。我沒代他考。他找別人代考。這事果然當場沒被發現抓到；但是考上有什麼用？讀不到一個學期，就被查出來了。

當時，我一直不服媽媽給我唸的經，也很覺得對柱子不好說話，一直想冒險代他考；可是媽媽無論如何就是不准。我想偷偷地做，她卻緊迫盯人，盯我好緊，只要他來找我，她便躲著聽，我到他家，她便跟著；搞到

最後，我推辭不掉，她乾脆不留情面，挺身出來替我拒絕，還說了一篇大道理，把他訓了一頓，要他「回頭是岸」，真是傷感情！

　　幸好媽媽這麼做了，不然我代他考，這下被查出來，不是完了嗎？判刑了多不好！就說沒被判刑好了，在報紙上被登出來，而且被開除學籍，不能好好把大學讀完，損失可就大了。唉，好險！

　　我常常錯怪媽媽嘮叨，會給我唸經。事實上，她是對的。她喜歡嘮叨，給我唸經，其實是愛我的。婆婆媽媽，其實是愛的表現。試想，如果不是對子女有愛心，哪一個媽媽會喜歡嘮叨、唸經、婆婆媽媽呢？只是，不知為什麼，好多做子女的都無法接受。

　　我要感謝媽媽。她是愛我的，而且無微不至，而且奮不顧身，義正詞嚴。

　　　　　　1984 年 11 月 11 日　成功時報南風

傳道精神

　　鄰居楊先生是原住民，每次回山地來義，總帶回一些特產送我，譬如蕃薯、芋頭乾、花生等等。雖然這些平地也出產，但因土壤、水分不同，山地產的特別鬆軟味甜好吃，加上我平日對山地就很好奇，對山地美景就有特殊好感和嚮往，所以對山地很有一行之想。我每次於言談之間把這想法表明出來，楊先生都欣然答應帶我前去。等呀等，這次他終於使我達到心願了。

　　那是個秋高氣爽的禮拜天，我們一行八人，騎了單車，向來義出發，浩浩蕩蕩，倒蠻像一回事兒。

　　到來義，距離只有十幾公里，不消半小時便到了。

　　果然山地風景好！高聳的山，碧綠的草和樹，潺潺的山澗，新鮮的空氣，清脆的鳥鳴，予我心情寬鬆，精神清爽。

　　在楊家，我們享受了一頓異乎平地的午餐。

　　剛放下碗筷，楊先生的鄰居便來邀去聽傳教牧師講道。

　　中午，我有午休打頓的習慣，加上天氣轉熱了，本來很愛睏，想午睡一會兒，下午好有精神再觀賞山地美景；但楊先生說不好意思，去聽一聽，表示一下禮貌，也就一起過去了。

　　我們到後不久，牧師便開始傳教講道了。

　　我數了一下，一共廿四個人，擠在那一家人家庭前的一棵大榕樹樹蔭下聽，還算沒有人曬到太陽。但熱和困倦是必然的。我想他們一定也是礙於情面，不好意思，才來的吧！

　　牧師則站在陽光下，侃侃而談。

　　時間是中午吃過飯後，正是人家午睡的時間，怎麼可能好好地聽？相信有很多人和我一樣有午睡的習慣，會溜回去午睡。果然沒有多久，聽眾便不耐煩了，一個溜，兩個溜……不消十分鐘，便溜得除牧師外，只剩下這一家主人、楊先生和我。

　　我想這一定夠他瞧的了。傳教傳到大部分人都跑了，只剩三個聽眾，不僅是不叫座而已，恐怕他對上帝都不好交代吧！

　　可是沒想到他竟然一點不以為意，仍然很起勁地講著道，做他傳教的工作。

　　為什麼要在這時候傳教？別的時候不行嗎？楊先生告訴我，其他時間，原住民都在山裡做工，晚上天黑

又沒地方傳教，只有現在大家都在，最好。

　　此時，太陽已因推移把牧師曬得滿頭大汗。汗珠在他臉上直向下滴落，被太陽光曬出反射的晶光，全身衣服也慢慢地濕了。他仍很起勁地講著，好像他前面有好幾千聽眾在聽他講道。

　　我想，基督教和天主教之所以在山地生根滋長，是靠的這種傳教精神吧！

　　我又想起了大學裡外文系德文、法文課上課的情景。那些德文、法文教授都是博士，但仍從頭一個字母一個字母教起，耐心地唸給學生跟，一點都不會不耐煩。這種能耐，真了不起！

　　濫竽杏壇，教了約廿年的書，常聽同事抱怨學生程度低，教得沒有成就感，越教越懶；有時候我也有這種感嘆。面對這名牧師，我能不愧煞？當教師真該學一學牧師的傳教精神！

　　　　1984 年 12 月 14 日　成功時報南風

重摑

簡直氣死我了！哪有這樣的學生？到垃圾堆並沒有多遠，為什麼不多走幾步，拿去倒，竟然倒到花圃裡？好好的校園，被倒下這堆垃圾，整個都被破壞了。正是一粒老鼠屎攪壞了一鍋粥！誰能不氣？簡直氣壞我了！我非好好處罰倒的人不可！

其實，這不簡單？是教室裡的垃圾，不是昨天下午掃地負責倒垃圾的人倒的，會是誰？

「昨天下午掃地，負責倒垃圾的是誰？」

是不是我太怒形於色了？學生一個個噤若寒蟬。

「是誰？說呀！」

還是沒有人搭腔。

「組長是誰？……王克永是吧！」

他怯怯地站了起來。

「你說，昨天下午負責倒垃圾的是誰？」

「是……是……是李……李德…明。」

「花圃裡的垃圾是不是他倒的？」

「不知道。我們掃完先走。他負責倒垃圾最後才走。我們沒有看見。」

「你回去的時候，花圃裡有沒有那堆垃圾？」

「沒有。」

垃圾是誰倒的，這已很明顯了。

「李德明！你到教室後面去！」

等他走過去了，我說：「雙手平舉！半蹲！」

他照著我的話做了。

「花圃裡的垃圾一定是你倒的了！」

「不是！」

「不是？這太簡單了嘛！昨天下午他們回去的時候，花圃裡沒有垃圾。你負責倒垃圾，最後走。今天早上來學校，大家便發現花圃裡倒了我們教室裡的垃圾，不是你倒的是誰？」

「不知道。」

「不知道？」我走過去，一巴掌打了下去。也許是太生氣了，用力太猛，他的臉上立刻現出了五隻手指的痕跡。

我被氣得全身發抖。這麼小的孩子，竟會說謊。不是他倒的還會有誰？三歲的小孩都可以推想得出，他偏不承認。怎麼問，他都說不是他倒的。我的脾氣能有多好，不被氣壞？

　　幸好升旗的鐘聲響了，不然我不知會氣成什麼樣子？會不會把他揍扁？

　　「別死鴨子硬嘴巴！這道理太簡單了。你還是承認吧！」拋下這句話，我便氣沖沖地和其他學生一起去參加升旗典禮，把他給罰站在那裡。

　　經過升旗典禮這段時間，我比較冷靜下來了。這情形，就像燒開水，水沸了以後，熄去火，自然慢慢冷卻。——其實，氣又於事何補？

　　等升完旗，我再問他。他還是怎麼問都不承認。真拿他沒辦法。想來想去，想不出好辦法，最後我只好百般無奈地要他把平舉的雙手放下來，不要半蹲，然後心平氣和地問他：

　　「老實告訴我，花圃裡那些垃圾是不是你倒的？」
　　「是！」
　　太出乎我的意料之外了。怎麼忽然承認了？
　　「你為什麼要倒在那裡？」
　　「太晚了，只剩我一個人，我怕！」
　　「你為什麼早不承認？」
　　「你沒問就先罰我了呀！」
　　這句話像一個大巴掌，重重地摑在我的臉上。是呀！我為什麼沒問就先罰他？唉，我真是氣昏頭了。

1985 年 1 月 6 日　成功時報南風

造型藝術

　　阿彬在國小時是一個全校師生眼中的好學生，不但學業成績好，體育和操行也好；但到國中將近一年後，已經壞到很難救的程度，學業成績差，品行更差，一天到晚在學校裡，打球必有他的份，排球和手球特別好，但是到校外，打架的、抽煙的，也都有他的份。當他母親第一次聽到鄰居、親友告訴她這情形時，她嚇得大張著口，不敢相信。但是，事實終歸是事實，當他導師告訴她時，她終於相信了。

　　「轉學啦！」有人告訴她。

　　「轉去哪裡？」

　　「我看是轉去私立學校，從一年級讀起比較好。」

　　她聽了這話，覺得有理；但是當她向阿彬提起時，他堅決反對，他說如果要這樣，他寧可不讀書，加以他丈夫也不贊成，她只好打消這個想法。最後，他們把他轉到附近另一所國中，希望他因為環境的改變，也能改變，讓他各方面都能「改過自新」，變好起來。

　　「來這裡以後，要把以前的全部壞習慣改過來，下

決心重新做起！」那天他母親帶他到新學校，李老師知
道他的情況後，以真誠、接納和擬情的態度，和他協談、
溝通了好久，最後如此鼓勵他。

「好！」

「要準時上學，準時回家！」

「好！」

「上課前要預習功課，上課時要認真參加學習活
動，下課回家要複習功課！」

「好！」

「見到老師要敬禮！」

「好！」

「不要再抽煙了！」

「好！」

「不要再去撞球了！」

「好！」

………

他確實已下定決心變好了，加上李老師又不時地關
心輔導，尤其是他母親在他每天上學前，把李老師和他
第一次協談溝通時，李老師最後鼓勵他的話，和他重複
對答一次，半個學期後，他的行為已經完全改變，學業
也比以前進步了很多……。

他已經漸漸被重新造型了。

1985 年 1 月 15 日　成功時報南風

信用商標

　　又來到潮州公園。好多年沒來了。這次來，是為了帶么女惠惠參加寫生比賽。

　　那片龍眼和芒果已被砍除殆盡，除留下書有潮州公園的門柱外，舊神社遺跡和日本宿舍平房已全部被拆，興過土木，新建了游泳池、涼亭、籃球場、排球場、硬式網球場、柏油路等等。

　　無限舊時情湧上心頭。這是其中的一件。

　　那是高中時發現的。從發現時起，這片林木隱蔽下的舊神社，便成了我讀書的好所在。

　　一年到頭，除了下雨天和冬季稍冷的幾天外，我幾乎每天到這裡讀書，平日是降旗後，假日則整天。

　　這地方，讀書正好：僻靜，隱密，清幽，很少有人來，有垂天的龍眼和芒果所形成的濃濃樹蔭，到處有可坐的樹頭、神社遺跡、碑石、建築殘留牆垣……。

　　這個地方對我有很大幫助。我的功課大多是在這裡讀好的。這裡是我的天然書房。

是畢業典禮後的一個假日，我又到這裡讀書。

正在準備大學聯考。我獨自一人坐在神社遺跡上，面南而讀，一心一意只在書上，除書而外，不再有別的。

近午時分，突然有爭執聲從右前方傳來。我原不予理會；但爭執得太久太厲害了，使我不得不從書頁間抬起頭來。

是一個近五十歲的大人抓著一個初中學生。那個初中學生偷採了他的芒果。他要給抓到派出所。

我曾經聽說這片龍眼和芒果是鎮公所的，以公共造產的方式經營──包給人家去照顧採收，一包五年。這個抓人的大人，我想就是承包人了。在這裡讀書，我就常看見他巡視林間，有時會整理一下，也見過他採收。

現在，那個初中學生因為偷採芒果，被他抓住了。他正要把他抓到派出所；但後者不去，抵死抗拒著，並掙扎著要脫手跑走。

爭執就這樣繼續著……。

我終於按奈不住，走了過去。

那初中學生原來還是我母校初中部的呢！

「可憐可憐他，放了他吧！」

「怎麼可以？我包這些芒果是不要錢的嗎？被偷了，我就要虧本了。如果常常被偷，我怎麼辦？我要不要活下去？我太太、孩子和其他家人要不要活下去？我

抓到了，怎麼可以平白放他走？」他很生氣。

「小孩子無知嘛！想吃就採了，也不知道可不可以採，原諒他一次，他以後不會再偷採了。」說完，我立刻向那初中學生：「以後不能再偷採了，嗯！」

只見他一連點著頭。

「他現在是答應了；但是誰保證他不再來偷採呢？」

「我保證好了。他是我母校的學生。」不知道為什麼，我竟衝口這樣說。我根本不認識這名初中學生，能保證得了嗎？

「那好！我看你每天在這裡讀書，很用功，不講話，不偷採芒果、龍眼。一個人平日的表現就是他最好的信用商標。我可以相信你。但我希望你回母校告訴老師，宣布學生不可來偷採。」說著，他放開了抓著的那個初中學生的手。

「好。我一定做到！」我喜出望外。我本不善言詞，是個「乖孩子」，說排解糾紛，根本就不可能，一開始也沒這奢望，只是一時憐憫之心使然；不意竟能成功。「一個人平日的表現就是他最好的信用商標。」或者是如此吧！

當然，我答應他回母校，請老師宣布不可去偷採水果，我也做了。

1985 年 2 月 10 日成功時報南風

春日‧彈弓‧麻雀

　　在下班的路上，看見幾個小孩子，取了彈弓，射向停在路旁電線上的麻雀；但是他們技術不夠好，沒有射中，卻把麻雀驚飛了。

　　那些小孩子裡，有一個是我吧！

　　是三十年前了。也是這樣的春日裡，萬物復甦了。生命力勃發著，在花草樹木的嫩芽嫩葉上，在昆蟲禽獸的跳躍鳴唱裡。鳥雀是最突出的了。牠們輕巧跳躍著，翩翩飛翔著，悠悠鳴唱著，在樹上，在鄉間人們的屋頂簷間，在空際，畫上身影，寫上音符，譜出曲調……。

　　那時，我讀初一，正是人生的春天。

　　在那樣的日子裡，沒有一個人不天真爛漫，無拘無束，活潑蹦跳，尤其是受那股好奇心的唆使，以致每樣東西，每件事情，都想動動看，試試看。於是，奔向山，奔向水，奔向林，奔向大地上的所有處所，去冒險，去探奇，去學習，去頑皮，去嬉遊；即使有挫折，有阻礙，仍然一意向前衝撞，今天疲累了，受創了，明天一早醒

來，又是一條生龍活虎。這就是春日的普遍特性。多旺盛的生命力！處在人生的春日裡，誰會不如此？

那天，在學校旁的小路上，我頂著大太陽，取了彈弓，莽莽撞撞地追尋著麻雀，一彈射出，驚起了一群麻雀，也驚起了一聲怒斥：

「為什麼在春天裡打鳥？」

一回頭，只見一個高大的身影矗立著，正是我的導師。

逃呀！拔腿便沒命地跑……。

但是，逃得掉嗎？

「你不知道現在是春天嗎？」

「知道。」我搞不懂他問我這話是什麼意思。

「沒有母親的孩子可不可憐？」

「當然可憐。」我更搞不懂他的意思。

「那麼，你為什麼在春天裡打鳥？」

到此刻為止，他問的那些話，我一直搞不懂什麼意思：春天和打鳥有什麼關係？春天和沒有母親的孩子又有什麼關係？

「你不知道春天是鳥兒生小鳥的時候嗎？」他繼續問。

「知道。」住在鄉下的孩子哪有不知道的？昨天我才在屋後竹林裡掏了兩窩鳥巢，把小鳥抓回來養呀！

「那你為什麼要在春天裡打鳥？被你打死的鳥，萬一有母鳥，牠生的小鳥怎麼辦？牠們不是變成沒有母親的孩子了？沒有人照顧，沒有人餵養，餓死了，你不可憐牠們？……」

原來如此！我恍然了。也從那時起，我把彈弓拋掉了，不再打鳥了，尤其是在春天裡。

1985 年 5 月 3 日　中央日報副刊

撿貝殼

　　那個黃昏，我們到南平夏威夷海邊。

　　這個海邊，橫跨林邊鄉和東港鎮，有很美的沙灘，很有夏威夷的風味。夏日黃昏到這裡最好，可以沿著沙灘一直走下去，任意徜徉，任意漫步，徜徉漫步個一公里半公里，真正放鬆自己，去呼吸真正清新的空氣，讓帶鹹味和濕潤的海風，輕輕拂去一天的緊張和疲勞，讓海灘上的細沙吻去雙腳的污穢；可以看海上的落日，遠眺小琉球，讓眼睛享受造物在天邊晚霞裡玩千彩多變的魔術；如果願意，可以走進海水裡戲水、弄潮、游泳，讓海水滌去全身的汗臭和燠熱，捧來清涼舒爽，至於撿拾貝殼、挖捉沙馬、釣魚、聽潮、觀浪、遐思、同享漁船歸航的喜悅，甚至玩各種遊戲、露營、烤肉等等，更是可以讓人稱心滿意，滿足各人的需要。

　　一向我們到這裡，最喜歡挖沙馬、捉沙馬；今天自然不例外。

　　沙馬鑽洞在沙灘上，潛藏在沙裡。要挖牠需要技

術。如果看見洞，用手便挖，因為底下沙子是濕的，顏色是黑的，混在一起，便迷了洞，挖不到。要先灌進白色的乾沙，沿著白色的沙挖下去，便不會迷了洞，便可以捉到。

當我挖出了一隻，不小心被「兔脫」，追著牠在沙灘上狂奔，大聲小叫，前方突然傳來了說話聲：

「老師，您也來了！」

我趕不及回答他。回答他的話，那隻沙馬可能就要被溜進海水裡，捉不到了。我仍然窮追不捨，要給捉到。正當我看準了，伸手去捉，一隻手已先我而到。那隻手捉住了沙馬。我捉住了那隻手。

「老師，我捉到了。還給您！」

「不要了。主要是追著，捉著，像捉迷藏，好玩！不然，沙馬那麼小，不能吃，又不能賣錢，要牠幹什麼？」原來是胡明仲。他今年國中才畢業，我班上的，一個很穩重踏實的孩子。當同學吵得天翻地覆的時候，他總是自己一個人躲在一個角落裡看書。高中剛放榜，他考上了南部最好的高中——高雄中學。

「怎麼今天你也來了？」

「我們來撿貝殼。」

「你們？」

「我們三個。他們好會跑！不知跑到哪裡撿去了，

看不到了。只有我不會跑，蹲在這裡撿，傻傻地撿。」說著，他指給我看一大堆貝殼。

哇！好漂亮的貝殼！好大的一堆！紅的，白的，綠的，紫的，多種顏色相混雜的；螺殼、蚌殼、晶石、白石，還有閃著寶石光芒的不知道什麼石……。

「喂！你們快來看呀！好美麗的貝殼！」

蜜子和孩子們都跑過來了。看見那些美麗的貝殼，他們你一句我一句，七嘴八舌地讚美著，問他是怎麼撿的，也想撿……。

「看喜歡哪一個，就揀了去吧！」他滿臉笑盈盈的。「我能考上高雄中學，都是老師教導的功勞。謝謝老師三年來的教導！」

正說間，另外兩個回來了。是吳明文和何廣俊。他們三個雖然同班，這兩個卻是吵吵鬧鬧的，總是意志不堅定，好高騖遠，不知眼光可以放遠，卻要從低處近處去做。這次考高中，吳明文就沒考上，何廣俊連報名參加的膽量都沒有。

他們兩個撿到的貝殼很少。吳明文才撿了六個，何廣俊更少，才三個，而且都不漂亮，一個個看起來就像被丟在垃圾堆裡的死螺殼，毫無光澤，色彩也差，和胡明仲撿的相比，不止是小巫見大巫，根本就沒法比。他們一看到胡明仲撿的貝殼，琳瑯滿目，光澤輝閃，多彩

繽紛，也大加讚賞，並且說，他們跑了那麼遠，到處尋找，撿不到好的，他怎麼能撿得到那麼漂亮的？是在哪裡撿的？有什麼秘訣？……

「我就只蹲在這裡傻傻地撿而已呀！」

「做任何事都一樣，蹲下來，穩下來，傻傻地做，不見異思遷，不好高騖遠，終會有所成的。胡明仲就是例子。」在歸途上，我很有所悟。

1985 年 9 月 3 日　自由日報自由港

好狗和壞狗

　　明德是我高中同班同學，算是我們同學中在學術上較有出息的一位。他天資聰穎，又肯拚，大學一畢業，便到美國去了。他專攻的是教育心理，四年便拿到博士學位，並即在該校任教職，現在已是該校響叮噹的教育心理學權威教授。

　　平日忙，又加上路途遙遠，很難得回來；這次，他趁著休假之便，飛機一坐，回來了。

　　我到機場接他。

　　沿途，我們相談甚歡。

　　他說，在美國，他常念著舊日同學。他一再強調，國小、初中的友誼印象不深，大學以後的友誼利害關係太大，高中的友誼最純潔，最珍貴。他這次回來，一定要遍訪高中舊同學，並約好從次日起，由我帶路。

　　次日，他果真一早拉著我去走訪高中舊同學。

　　到仁彥家時，有一隻狼狗躺在門口灰埕，看來兇猛異常。

　　我讀國小時，因為在回家路上被狗咬過一次，便「一朝被蛇咬，十年怕草繩」，一向怕狗。看到那隻兇猛的狼狗，我簡直被嚇壞了，便停步不前。他卻一點都不怕，舉步向前，旁若無「狗」。當知道我怕狗時，他一邊拉我向前，一邊說：

　　「怕什麼？那隻狗是好狗，不會咬人！」

　　我被嚇得連話都不敢說，本來想問他怎麼知道那隻狗是好狗，不咬人；但怕一講話，狼狗醒過來咬我，只好把話嚥進肚子裡。

　　就這樣，我被「半拉半就」地進了仁彥的家。

　　果然那隻狼狗不咬人。牠躺在那裡。當我們經過牠身旁時，她只睜開眼看了一下，便閉起眼睛睡牠的懶覺了。

　　落座以後，我餘悸猶存，「仁彥，你家那隻狼狗好可怕！」

　　「有什麼可怕的？你們剛才進來，牠不但沒咬你們，連叫一聲都沒有呀！」

　　「狼狗本來是很兇的呀！」

　　「是呀！我也覺得奇怪！狼狗本來是很兇的；但是，再兇的狗，到我家來，便不兇了。這隻狼狗就是。牠媽媽很兇，是出了名的，牠還沒來以前也很兇，逢人就咬，害得主人非鏈住牠不可。鄰居都說我家風水好，

兇狗一養就不兇了。不知對還是不對？」

「不是風水。」明德接著說：「這是有沒有鏈住的問題。」

「怎麼說？」

「你家養的狗，從來沒鏈，任其自由，是吧？」

「是呀！鏈狗幹什麼？」

「再溫馴的狗，用鐵鏈鏈住，必定成為兇狗，見人就咬；再兇的狗，不鏈住牠，任其自由，必定成為好狗，雖然樣子也許還很兇，但不會咬人。剛才我們進來，看那隻狗沒有鏈住，頸上沒有被鏈的勒痕，我便認定牠不咬人，直接闖進來了。」

「哦？」

「狗被鏈住，不得自由，自然心裡有恨，想反抗，所以見人就叫就咬，甚至連主人都難逃牠的『毒牙』。這和人一樣，管得太嚴，拘束得太緊，讓他沒自由，他往往心裡有恨，時時想反抗，便很容易變壞。所謂『嚴官府，出惡賊』，就是這道理。我為你太太、孩子高興！你對狗能夠給予自由，牠便成為好狗；當然對太太、孩子也一定不予拘束，給予自由了。你的太太一定過得很幸福，孩子一定也是好孩子了。」

「是呀！他的家很和樂，太太很幸福，孩子個個是好孩子呢！」我有了領悟。

1985 年 9 月 21 日　自由日報自由港

長髮為何而剪

開學了。又一個新的學期開始了。我家么女惠惠進國中了。

進國中，有什麼大不了？何必大驚小怪？

我有三個孩子，老大已讀高二，老二已讀國三。兩人進國中時都是稀鬆平常，沒什麼大不了的；但是這個么女進國中，卻給全家人帶來許多困擾。越接近她國小畢業進國中，我們全家越苦惱。

為什麼？

為了剪長髮。

我家孩子，老大是男的，進國中自然沒有剪髮的問題；老二雖是女的，但她沒留長髮，也沒有剪髮的問題；唯有這個么女，自小便留了長髮，到國小畢業進國中這個時候，便有這剪髮的問題了。

積十幾年的功力，到這個時候，她的長髮已很長，長到披肩覆背，已超過腰帶以下了。她幾天洗一次，每次梳理，不管是編成髮辮，是披覆背上，都顯得異常可

愛；一旦剪去，別說她傷心，誰看了都會覺得可惜。

可是非剪不可！國中女生不可留長髮！

為什麼非剪不可？我想不通，為長髮不好洗，會髒臭？為長髮不梳，會亂成鳥巢？那麼她留了十幾年了，什麼時候髒臭過？什麼時候沒梳好過？國小女生年紀小，准流長髮，不怕髒臭，不怕亂成鳥巢；國中女生年紀大了，難道反而不會照顧頭髮，任令髒臭，亂成鳥巢？有這樣的道理嗎？

我自己在國中教書，對這個規定，我很清楚，是規定女生頭髮不能碰到衣領；但是對這規定的道理，我卻一直鬧不清楚。以前有過幾個女生，在國小也留長髮，不管編成髮辮或披覆背上，樣子都很可愛；可是一到國中，長髮已剪去了，可愛便也同時被剪去了。那真是太煞風景了。

此刻，輪到我家么女要上國中了。怎麼辦？她的長髮能不剪嗎？明明知道她的長髮難逃一剪；可是我們全家卻都有意抗拒、拖延。

畢業前約半個月，有一天放學回家，她流著淚，默默不語。經過我們一再追問，她說了：

「我們班上李玉真的長髮剪掉了。」

我們全家人同時被感染上一種愁慘的氣氛，整晚，一反平日，沒有笑聲。

接著，隔不了幾天，又有她淚滴的報告：

「今天班上有兩個剪髮了。」

「今天王美玲剪髮了。」

………

每次報告，便給我們全家人帶來憂戚，整晚的默然。我們不願她的長髮被剪；但那是不可能的。常常希望時間停止不動，那麼長髮便可不剪了。

她的功課也因此受到極大的影響，一落千丈。

所幸，約半個月後，她畢業了。她可以不必到學校，較少聽到有人剪髮的消息，稍為平靜了。

可是，時間不停地過去，剪髮的陰影越來越濃，越來越陰魂不散，弄得我們全家人越來越默然，越來越愁慘。

到國中報到了。參加暑期學藝活動了。……終於，那一天到了。

「李老師說，反正遲早要剪的，早點剪了吧！」

又能怎樣呢？喀嚓幾聲，她的長髮被剪掉了。她噙著淚。我們全家人心中都滴著淚。有萬般的不願！但是不願又能如何？願也罷！不願也罷！反正要剪！要問長髮為何而剪嗎？那就無語問蒼天吧！

　　　　　　1985 年 10 月 15 日　自日報自由港

自　殺？

「自殺是不是一種懦弱的行為？」

她問我這句話，驟然整個辦公室籠上了一股緊張的氣氛。大家紛紛說：

「是呀！自殺是一種懦弱的行為。」

「何止懦弱？自殺是最愚蠢的行為。」

之所以會給整個辦公室籠上緊張的氣氛，是因為她一向多愁善感，鬱鬱寡歡，不夠堅強，有自殺的傾向，這次被校長叫去刮了一頓，大家更擔心她禁受不起，真的去自殺。

她本來是個富商的千金，從小便在父母小心翼護下長大。在這樣嬌生慣養的環境裡長大，她嬌嫩稚弱，乃理所當然，不足為奇。說她是金枝玉葉，溫室裡的花朵，應屬適當，並不為過。不幸在她高三時，她父親因為意外車禍逝世。一向依賴慣了的她，頓失依怙，又兼家道中衰，使她大受打擊，功課大為退步。原被看好可以考上好大學，卻只考上 X 大夜間部。從此，她不但信心全

失，而且有了自卑感，往往什麼事都往壞的一面想，尤其可怕的是，她變得多愁善感，鬱鬱寡歡，常有自殺的傾向。

她在 X 大夜間部畢業後，參加國中代課教師甄試，被分發到本校任教，我們遂有緣同事。

有緣同事是一件幸事；但是她常吸住了我們的注意力。常常我們要對她特別付出關懷。

她嬌嫩稚弱，瘦得只剩皮包骨，叫人看了，生出她會被大風吹走的感覺。真是楚楚可憐！這固然是大家被吸住注意力的一個原因，但是最大的原因是她多愁善感，鬱鬱寡歡，十足是從紅樓夢裡走出來的林黛玉，動不動就掉眼淚，三天兩天就被學生氣回辦公室，猛掉眼淚，言語間更多悲觀消極論調，常常說：「人生好苦，死了算了！」

就是因此，她被校長叫去刮了一頓後，問人「自殺是不是一種懦弱的行為」，便引起大家的極大注意。大家都很緊張，怕她在回家途中，拐到哪裡自殺，明天見不了面。

「派個人陪她回去吧！」

「誰比較適合？」

王文美和她同路，平時也和她談得來，大家便推定王文美順路陪她回去，以防不測。

很幸運的，她第二天照常到校上課，並無異樣。

據王文美說，她一路正常，直回她家，中途並未「脫軌」，而且和她有說有笑。她曾巧妙地想窺探她自殺的可能性，她曾說：

「自殺？自殺不但是一種懦弱的行為，而且是愚蠢的行為！」

1985 年 11 月 5 日　自由日報自由港

才用之間

　　省衛生督導團即將在今天上午十時到校考核。

　　這是第一節上課時獲知的。是鎮公所得自縣政府，打電來「密告」的。

　　學校環境衛生弄好，校長和訓導主任常常會得到記功、嘉獎。被大家起了綽號叫馬屁精的訓導主任王文仁，為了自己的好處和拍校長的馬屁，平日便很注重環境衛生，一天到晚喊學生掃這裡，清那裡，把整潔工作做好。校園裡，一旦被他發現一張小紙條，一個塑膠袋或一片沒撿的樹葉，大家的耳朵便要被他持續虐待好幾天，無法清靜。他總是在升降旗時，在台上用廣播向學生唸經，唸個沒完沒了，唸得個個學生討厭，所有教職員在心中暗罵。遇到環境衛生考核或辦活動，總是暫停上課，利用上課時間掃他個一兩小時。大家都討厭他；但是他拍馬的功夫到家，訓導主任他照樣「好官我自為之」，誰也莫奈他何。這次他得到省衛生督導團到縣考核，本來就很緊張，雖然還不知道會不會抽到本校，但

是這幾天他已命學生「狠掃」了好幾陣，現在既已知道該團抽中本校，即將到本校考核，他認為這是他記功、嘉獎的好機會，機會難得，不可輕易放過，便立刻跑到校長室，向校長請得了「聖旨」，施展出他的慣技，連教務處都沒會，便「挾天子以令諸侯」，廣播宣佈，暫停上課，改為大掃除，九點半以前結束，哪一班先掃好，經過檢查合格，哪一班先上課，最差的一班要受處罰。

這一宣佈，全校立刻騷動起來。

教師大多很高興。他們高興免了一節上課之苦，「賺了一節」；但是也有跳腳的，因為下週月考，進度沒趕上，少了一次複習或平時考試。他們說，環境衛生的維護不是不重要，但像這樣走火入魔是不好的。學生則幾乎人人高興。他們現在正是好動的年紀，被關在教室裡上課，不能活動，已常叫苦，不好受。他們早已悶得發慌了，一旦放開束縛，哪有不高興之理？隨著任課教師的步出教室，他們大呼大叫，好不雀躍！

大掃除的工作開始了。雖然有少部分學生在玩，只有老師來時，他們才收起嬉皮笑臉，拿了工具假裝一下；但是大部分學生都在做整潔工作，教室、廁所、校園及辦公室，到處都有學生，按照原來分配的，在掃除，有掃地的，有灑水的，有排桌椅抹桌椅的，有擦玻璃的，有倒垃圾的……。

　　他則到處走，到處巡，急得像熱鍋上的螞蟻，不時喊這叫那，切望在省衛生督導團來前，能掃除好，使學校非常整潔，令該團極度滿意，他和校長同時得到嘉獎，最好是記功。

　　這一大掃除，掃除到九點四十分，超過預定時間十分鐘，各個班級才陸續「收攤」，有的班級則拖到九點五十幾分才結束。

　　他急切地再巡視了一周，尚覺滿意，回到訓導處，抬頭向窗外一望，發現縣政府的車子載了一團人進校門。依照他的職業警覺，他認定是省衛生督導團的人員來了，便趕緊取了一塊抹布，踩上窗框，伸手去擦已擦得很亮的窗玻璃，希望以這個動作，讓該團的人看了，加深印象，肯定他對環境衛生的注重，給他記功。

　　他才擦了沒幾下，省衛生督導團的人員便在校長的引領下，出現門口。他發覺後，故意假裝沒發覺，繼續擦著，直到校長喊他，他才跳下來，一邊擦窗框，要把他剛剛踩的鞋痕擦去，一邊說：「各位好！歡迎光臨指導！」然後迎了上去，諂媚地自我表功：「我平常便很注重環境衛生，把它列為訓導工作最重要事項，總是嚴格督促學生做好整潔工作，我每天也親自做得滿頭大汗。剛才我就是發覺氣窗玻璃學生沒擦乾淨，所以爬上去給擦乾淨的。」

　　省衛生督導團的人員面面相覷，靜默了一會兒後，有一個說：

　　「是的。很好。我們國家花這麼多錢，給學校請一個訓導主任，是要用來擦玻璃的。」

1985 年 11 月 18 日　自由日報自由港

發講義

　　發講義是學校裡很常見的事，無可懷疑的，涉及的人主要的是教師和學生。有的人求學的時間不長，很快就接觸不到了；有的人求學的時間長，接觸的時間便長；有的人畢業後去教書，則接觸的時間可能很長。

　　我是後者。

　　講義，當然是整疊的，一班人多少，講義除了有多少張外，一般可能多幾張，也有可能剛好。因為整疊好幾十張，所以數錯了、撕破了等情況，總免不了。數錯了，各排自行調整一下，就解決了；但是撕破了，如果張數沒有多出或多出的已補光了，只好有人勉強用被撕破的了。發講義時，一般便常忌諱撕破；可是撕破卻硬是難免。　那天我上課便遇上了這情況。

　　這班，每排至少有六個學生，有的排是七個的。我發時，照各排的人數數，六個人便數六張，七個人便數七張，交給每排第一個學生，然後依次傳下去，一人一張。

　　我數完講義，交給每排第一個學生，便回到講台，

突然聽到有講義被撕破的聲音，舉頭向發出聲音的地方看去，是第六排第一個撕破的。他撕破了最上面的一張。

這份講義張數剛好，沒有多出，無法補充。我已事先跟學生說過了。但是撕破了，怎麼辦？照理說，撕破的人要用被撕破的才合理；但是人都是自私的，撕破的人往往選好的，把被撕破的推給別人，有時鬧出糾紛來……尋思間，只見第一個學生已挑選最下一張好的，把其餘的往後傳去。

果然人都是自私的！講義雖然只是薄薄的一張小紙；但是誰也一樣會選好的，不要被撕破的。我想，那排第二個以後，每人都會選好的，把那張撕破的留到最後，給最後一個。

可是，會不會有奇蹟出現？是否有人會是不自私的？這張講義會不會傳到最後一個手裡？我很想看個究竟，便不動聲色地暗中察看著。

一疊講義就這麼傳過去了。第二個選了張好的，第三個選了張好的，第四個選了張好的……。

沒有奇蹟出現？人類每一個都是自私的？

傳到第六個了。我要看他怎麼選擇，會選好的一張，還是犧牲自己，選被撕破的那張？

只見他猶豫了一下，留下了被撕破的那張，把好的那張交到最後一個手裡。

1985 年 11 月 30 日　自由日報自由港

心中的癌

　　同事林明文一向身體很好，運動場常客，雖然不是很精，但是樣樣運動都來，活蹦亂跳，無憂無慮，無病無痛，日子過得很快樂。不管經濟上是否富有，一個人如果能夠每天過這樣的生活，便很幸福了。所謂「健康便是福」，就是這樣說吧！只是「天有不測風雲，人有旦夕禍福」，一個人永保過這樣的日子，可能嗎？最近，他少跑運動場了，神氣顯得頹喪、憔悴，臉色漸漸由紅潤轉為蒼白再轉為蠟黃。

　　「為什麼不運動了？」

　　「病了。」

　　「什麼病？」

　　「癌。」說著，他翻開了後衣領，「你看！這個瘤已長出近兩個禮拜了，貼膏藥，總是不消退。」

　　他後衣領下背部，果真有一個瘤，貼著不知什麼膏藥。

　　「你怎麼知道是癌？」

「癌就是這樣嘛！我在書上看到的；無緣無故長出了一個腫瘤，長久腫痛不消退，最後發作就是……。」他話沒說完，停住了。

那是一種怎樣的表情呀！

「不要隨便相信一些書上的異端邪說！你這可能是生瘡吧！」

「一定是癌！」

「你怎麼知道？」

「當然知道！」

「為什麼不去給醫生看？」

「才不！我家裡人也要我去給醫生看，我都不。」

「為什麼不？」

他猶豫了一會兒。「不去給醫生看，還有一線希望；去給醫生看，就完了。」

「不去給醫生看，一顆心總是懸著，多苦呀！去給醫生看，檢查如果不是癌，不就海闊天空了？」依我看，那十足不是癌，給醫生看，檢查了，才能釋去他心中的疑慮。

「說是這麼說，萬一是癌呢？」

「不可能啦！這麼小小的瘤，怎麼可能是癌？萬一是癌，小小的，割了算了。早發現，早割掉，早好！」

說到這裡，再沒得話說了。

此後，一再勸他，仍然沒效。

眼見他臉色越來越蒼白，越蠟黃，人越來越沮喪，很是不忍；但是他就是不去給醫生看，檢查，「皇帝不急，急死太監」，有什麼用？

這之間，他顯然受到極大痛苦……。

終於有那麼一天，一大早到辦公室，他笑嘻嘻地說：「喂！我去檢查了。」

「怎麼樣？」

「何必問？如果是癌，我早沒來上班了。」

「不是怕，不檢查的嗎？」

「逼得沒辦法了嘛！每天都擔心受怕的，太苦了。」

「早跟你說，你不相信；現在不是海闊天空了？」

「是呀！謝謝你！」

自此以後，他漸漸「復原」了：又到運動場了，臉色又紅潤了，精神又有了……。

他背後那個瘤，竟然奇蹟般地漸漸變小，自然消失了。

1985 年 10 月 26 日　自由日報自由港

護　犢

　　秋高氣爽的日子，陽光明亮卻不很烈，正是秋遊的好時節。陳老師在學生的要求下，帶他們到這個山區郊遊。現在是上午十點多，他們正興高采烈地爬進一片茂密的龍眼樹林。陽光在龍眼樹上遊戲著，有些跳上地面，有些則從樹葉隙間摔落地上，像晶珠似地點綴著。空氣是清爽新鮮的，吸進肺裡，予人無限舒暢之感。他們一腳高一腳低地爬行著，突然前方有人「哇」的一聲，叫了起來；然後有人很快地跑來報告：

　　「老師，王正文被蜂叮了！」

　　「什麼蜂？」

　　「黃蜂。」

　　「蜜蜂。」

　　「牛屎蜂。」

　　「不，是虎頭蜂！」

　　什麼？虎頭蜂？不得了！被虎頭蜂叮了，人會致命的。這玩笑開不得！

　　他一驚，立刻往王正文的方向衝過去。沒想到這時

又有人被叮了，好幾個哇哇地叫著。他發覺事態嚴重，便望學生大叫：

「蹲下來！大家蹲下來！安靜！不要動！」

這一叫，全體學生都蹲下來了，有的甚至乾脆坐在地上，躺到草地上。怕蜂叮嘛！不蹲下來怎麼行？難道要被蜂叮嗎？平常他講話，學生總有幾個不聽的，現在個個都聽了。他們安靜地呆在那裡。虎頭蜂在他們上方的樹幹枝葉間飛翔著。除了虎頭蜂鼓翅飛翔的聲音，這裡再也沒有其他聲音了。他趁這時放低姿勢，悄悄地挪移身子，到王正文等人處察看他們被叮的情形，想看看是不是可以設法治療或減輕他們的痛苦。

「哇！」沒想到又有人被叮，哭叫起來了。

他回頭，只見丁成雄左手摀著後腦袋，右手在空中擊打著飛翔的虎頭蜂，然後別的同學也加入擊打的行列，並開始摀著腦袋、臉、手、腳，不一而足。這好像是一種傳染病，一個接一個地傳染著，有的學生甚至滾倒在地，抱頭打滾，不住哭嚎⋯⋯。

明明要他們蹲下來，安靜不動，也明明看見他們安靜地蹲著、坐著、躺著，怎麼又會被叮？虎頭蜂雖然可怕，並不主動叮人；因為牠叮了人，毒針便留在人身上，牠是會死了的。碰了牠，牠才叮人。如果發現牠要飛來攻擊你，別跑，別去打牠，只要蹲下來安靜不動，牠飛

繞一會兒，便自行飛走了，尤其你不穿得大紅大紫，更是如此。這一定是丁成雄怕虎頭蜂，看到有一隻飛近他，便用手去擊打，然後被叮，造成大家骨牌式一連串擊打和被叮的。丁成雄平時本來就是班上最膽小的。

「蹲下來！安靜！不要打虎頭蜂！」

他大叫著，但是沒用。人蜂混戰開始了，而且情況越來越嚴重。

怎麼辦？他總不能眼睜睜看著學生一個個被叮、痛苦哀嚎呀！

他循虎頭蜂飛來的方向看去，只見一顆龍眼樹上結了一個比籃球大的虎頭蜂巢；此時正有虎頭蜂紛紛飛出，向他的學生攻擊著。

他終於下定了決心，毅然脫下他的上衣，一無反顧地向那棵龍眼樹飛奔過去，爬上樹，雙手拉開上衣，抱住虎頭蜂巢，和虎頭蜂巢一起墜落地面。

他的想法是，這樣一來，被他用上衣包住的虎頭蜂巢，即使有再多的虎頭蜂，最多只能叮他，飛不出來叮他的學生，其他的虎頭蜂會很快飛回來叮他，死在他身上，他的學生便可保全，不被叮了。犧牲他一個，保全大家，值得！

結果證明，他的想法是對的。

1985 年 12 月 19 日　自由日報自由港

牆頭草

　　主客來了。是甫當選縣長的余自立。他在王校長的引領和大家的鼓掌下，走了進來。他一邊向大家揮手致意，一邊走到主客桌。待他坐下，這個慶功宴便開始了。

　　「各位！今天很高興余縣長能大駕光臨！現在我們舉杯恭賀他當選。大家乾杯！」才開始，王校長的話就響起來了。大家跟著他的聲音，起立，舉杯向余自立敬酒。

　　政治是很奇妙的事。有很多都是撲朔迷離，令人難以捉摸的。在競選期間，王校長是站在余自立的對手——競選連任的邱武雄縣長那一方的。他幫助邱縣長拉票，手段無所不用其極。凡是他的親戚朋友，他都去拉票。對余自立，他一再無中生有，造謠中傷，公然進行，毫無忌諱。譬如他造謠說余自立是貧苦出身，才當十幾年公務員，竟有錢競選縣長，顯然是貪污來的，他當教育局長期間，教師調動一定要紅包。譬如他造謠說余自立家的客廳有九十坪大。……接近他的人關心他，

怕他這麼公開，如果余自立當選，會有報復的行動，後果不堪設想。他卻說：

「怕什麼？最多被調到山地國中。我本來就是從山地國中調來的嘛！」

他原來在山地國中倒是真的，而且是在台東的深山裡，只呆了一任三年，三年前才調到本縣平地。那時便是邱武雄縣長幫的忙，他千拜託萬拜才達成這心願的。他現在為邱縣長助選，表面上說的是為報答邱縣長對他的這個恩，其實恩在哪裡？他花了十萬元的紅包呀！骨子裡卻是他一任四年就要到了，他看好現任的邱縣長，他競選連任成功，是順理成章的事。何不錦上添花？待他選上連任，他可以再送個十萬元，調到市區更好更大的國中。

開票結果，萬萬沒想到，競選連任的邱武雄落選，余自立當選了。太叫人意外了，而且相差了五萬多票。

更叫人意外的是他的態度完全變了。起先他當然是嚇了一大跳，怕真的被調到山地國中；但是腦筋一動，有了，他趕緊發起慶祝余自立當選縣長的慶功宴，應邀參加的是全縣國中和國小的校長。他們大都樂意應邀參加。可以和將上任的新縣長拉上一層關係嘛！就這樣，湊成了十桌，這天晚上在某餐廳舉行。好快，前後不到五天！

　　有人覺得奇怪，向他質疑。他很從容地說：「人本來就要這樣嘛！誰有勢就靠誰，怎能死腦筋，永遠站在一方？邱縣長的時代已經過去了。靠余縣長才有利。」

　　人家說他沒氣節，是牆頭草。他說：「擇善固執嘛！以前我的認知錯了。那已成過去。」

　　於是，這慶功宴舉行了。他是發起人。他憑他三寸不爛之舌，把參加的人弄得服服貼貼，尤其是甫當選縣長的余自立，更三番兩次地誇獎他很有辦事能力，了不起。

　　是的，真了不起！

1985 年 12 月 28 日　自由日報自由港

其師其生

　　三天的畢業班畢業旅行結束了。

　　大致說來，這次畢業旅行相當不錯。本來團體的旅遊就不用抱太大希望，大都是坐車，吃飯，每個遊覽區下車廿分左右，夜宿，匆匆來，匆匆去，如此而已。最重要的是不發生意外事故就算是不錯了。但是團體出門，多多少少總會有些事故發生。這次畢業旅行自然不例外，其中最大的一件是學生喝酒。

　　雖然帶隊的訓導人員及導師，或許知道這件事不敢向校長報告，或許真的不知道，但是校長還是知道了。有學生向他密報呀！

　　他把喝酒的四名學生叫到校長室。

　　「三天畢業旅行過得很快樂吧！」

　　「是呀！」

　　「哪個地方最好玩？」

　　「台北。」

　　「台北怎麼個最好玩法？」

「參觀電影城、故宮博物院、仙公廟……。」

「晚上你們怎麼消遣？……打牌？」

「沒有。」

「逛街？」

「沒有。」

「有沒有吃宵夜？」

「有。」

「喝酒沒有？」

他們被校長這一問，問呆了。「難道校長知道？」

「我知道了。你們在旅社房間裡喝酒。有人告訴我了。」

校長這樣厲害。帶隊的老師不知道，他竟然知道！他們只好承認了。

「喝的什麼酒？」

「紹興。」

「哇！這麼高竿！」

「他還喝米酒呢。」說話的四個人中最高的，有著鷹勾鼻子。被說的則矮矮胖胖，長得結實粗黑，是個原住民。

「什麼？米酒你也敢喝？」

「敢呀！有什麼不敢？他喝了一瓶呢。校長別忘了他是原住民。」

「喝了一瓶米酒，有沒有怎麼樣？」

「有呀！他喝醉了，說要跳樓，嚇了我們一大跳，趕快捉住他。就這樣，他害我們一夜沒睡。」

被說的原住民傻笑著。

「還笑！都是你！不是我們，你早完蛋了。」

「你們平常喝酒嗎？」

「喝呀！」

「你們出發前，我不是交代你們，出去要守規矩，注意安全，不要打架，不要喝酒嗎？」

「是呀！」

「那你們為什麼還喝酒？」

「一路上，每餐老師都吃得很好，我們吃得不好。我們出錢，他們吃喝享受。哪有這種道理？那晚他們在房間喝酒，大聲小聲地豁拳，又叫小姐陪酒，鬧得我們不得安寧。我們氣不過，就自己出錢買酒喝。有其師必有其生。校長，老師們用我們的錢喝酒，我們自己掏腰包喝酒，有錯嗎？」

1986 年 1 月 2 日　自由日報自由港

這樣的政客

許多人談論潘明正的是是非非，給他很不好的批評。我一直持懷疑的態度。我對他認識不深！

那個上午，我去找何才煌，才相信人家對他的批評是不錯的。

才煌是我十九年前教過的學生，開了一家大理石材廠，前年才結婚，已有一個男孩。同事王明建造房子，需要大理石材，要買，找我帶去。直接向廠裡買，不透過中間商人，而且才煌是我的學生，買起來可能較便宜。

不知怎麼搞的，聊到了潘明正。

「選省議員？選立法委員？選不上是理所當然的事。哼！連里長都別想選上！」

「為什麼？」

「是外人不知道，容易被騙，他才會有一些票；不然怎麼可能得那些票？」

「怎麼說？」

「他做人不好呀！你沒聽人說嗎？自己電話不

打，到李德生家借電話，總是打長途，談半個小時一個小時的，從來不付電話費，弄得李德生一家人不高興。後來每次去借，李太太便向他要電話費，他都說沒帶錢，欠著，過後再還，卻都不還。」

「有這樣的事？」

「有！還有呢！」他說：「譬如他辦補習班，到各學校去拉學生，連向學校打個招呼都沒有，便在早自習時進到各教室去發傳單，弄得學校一片髒亂；如果學校發覺，出來阻止，他便會捏造事實，寫匿名信向教育局誣告。譬如他參加競選，印海報、傳單，即使有錢，仍然要積欠好多印刷費不給。譬如人家資助他一百萬競選費用，他竟只用了四十萬，賺了六十萬。譬如有喜事人家給他喜帖，他常常不理……。」

「但是，你前年結婚，他不是來了？」他說到這裡，我才想起前年他結婚時，潘明正來過。

「怎麼有？」

「有啦！那時正要選立法委員。他來發傳單，也請了一個人幫忙發。那個人是我很熟的朋友。我印象很深。不過發完就走了。難道他沒送禮，沒向你道賀？」

「沒有呀！」

「豈有此理！」

「這就是最好的證明。」他說：「你記不記得高雄

縣籍立法委員黃 XX 送來了喜幛?我根本沒發喜帖給他,他竟能知道送來。但是潘明正我發給喜帖了,他來發他的傳單,不但沒送什麼禮,連和我打個招呼都沒有,到今天你說了我才知道他來過。照這情形看,你就知道,人家可以選上,他選不上,是有道理的。平時不服務,待人不好,不會做人際關係,到時候要選,拿錢買票也買不到的。」

　　他的說法是有道理的。我至此也才相信人家談論潘明正的是是非非是有原因的。空穴哪會來風?

1986 年 1 月 9 日　自由日報自由港

社會心理學

　　王校長逝世出殯了。

　　十年前，我在某國中任教，並兼教務主任。那年寒假，校長換了，新任的就是他。

　　教務主任工作煩瑣，尤其是國中受升學壓力很大，要被逼辦惡補，以提高升學率，教務主任往往被稱為地下主任。這種工作不是我這種人幹的。他一來，我便有意辭去不幹；但他挽留我，我也只好勉為其難，繼續留任了。

　　感念他的知遇，我特別用心。那年升學率破了往年的紀綠。我並且協助他爭取學區調整，增加了兩個里，預計每年約可增加學生三班。不過我總覺得他怪怪的，看起來就邪派不正，有時候會故意刁難我，尤其是越近學期結束，越是這樣。

　　那年七月下旬要發聘書前，他找我到校長室。「我覺得我和你配合不來。下學年度起，教務主任要換人，請你讓一下。」

　　我一向很隨和。和工友一起喝米酒，別人做不到，我卻做得到。他說我和他配合不來，我很不敢苟同。

　　「有這回事？哪裡配合不來？」

　　「我就是覺得配合不來嘛！」

　　「如果我真的不配合，不讓呢？」

　　「這樣啦！我給你跪下好不好？」

　　「話我說在先，學校的事情，你要全部負責哦！」話說出口，才發覺不對；要收回來，已太遲了。其實他是校長，學校成敗之責，他自然要負。

　　「我絕對負責。我知道你在這裡很久了，有家長、記者、民意代表為你撐腰，你儘管來，沒關係！」

　　我一氣，走了。我說的是，「不在其位，不謀其政」，我可能因此不再管學校行政和社區聯繫工作，學校可能因此敗落下去，他要負這一敗落之責；他卻以為我可能氣憤在心，和他作對、搗蛋。

　　學校換教務主任的事，大家知道以後，好些人來安慰我，也有打電話的。他們大都以為我被坑了，說這個校長心術不正，一定是收了新教務主任文雄的紅包，要設法討回公道，有的說要找校長理論，有的說要揍文雄，有的說要把孩子轉走……。

　　我根本不管這些。我早就不想當這被稱為地下主任的教務主任了。事情又煩瑣，升學壓力又大，我幹嘛把

時間精力浪費在那上面呢？預定交接之日，文雄還是我催了好幾次才來接的呢！我早已如魚得水，擺脫煩瑣事務的羈絆，靜下心來，全心沉浸在我因兼職而荒廢了的寫作中了。

　　開學以後，我才發覺，原來要增三班的，竟因為換教務主任事件，很多學生轉走，有的越區，有的入學私校，連一班也沒增。大家議論紛紛。校長和新任教務主任文雄懷疑是我在後面鼓動的，學校大部分師生和家長則認為這是學校走向沒落的象徵。

　　吵吵鬧鬧，擾擾嚷嚷，學校在紛亂不安中過了一年，我乾脆申請介聘轉到另一個學校，阻絕是非干擾。那年六月，我介聘成功了。暑假開始，我便沒到學校，但有些事情還是會傳來。其中最大的便是教務主任文雄又被撤換了。理由是他沒號召力，學生轉走太多，應增三班竟連一班也沒增。

　　八月一日是我的生日。他借祝賀我的生日跑來找我，感嘆地說：「去年我接你的教務主任是送了校長十萬元；今年何明遠送了十一萬，我就下台了。太現實了。」

　　「啊，怎麼會這樣？」

　　「現在社會多黑暗，你不知道呀！虧你做了這麼久的教務主任，連社會心理學都沒讀通。難道你都沒送過紅包給校長？」

　　「怎麼可能？在學校裡，主任是幫校長做事，為教師服務的，怎麼要送紅包？我教書十二年，跑了五個學校，以前歷經六個校長，從來就沒碰到過這樣的事！」

　　「那是你幸運！你以前的校長好，不貪紅包呀！」

　　我幸運？我想這不是幸運。加上以前六個校長，我歷經七個校長，只碰到這個會索取紅包，比率是七分之一。由這個比率也可證明，我們的校長大部分是不貪不取的呀！社會是一個大雜燴，要求十全十美是很難的，總會有敗類。一竹竿打翻一船人是不公平的。敗類畢竟少。

1986 年 1 月 31 日　自由日報自由港

告密事件始末

「督學來了。」

上午第三節上課時，教務處派人去通知各班。

這是這所學校的慣例，只要督學到校，教務處便會派人通知。大家早有默契，只要接到這通知，就表示上課要照規定，尤其不可用參考書、測驗卷，不可把藝能科目移上升學有關科目。教務處這一通知，全校各班便忙得不可開交，亂成一團了：藝能科目已移上升學有關科目的，立即改回，上原來科目，甚至換回原來老師，猛藏參考書、測驗卷，清潔櫃和黑板下儲櫃藏之不足，還把講台抬高，藏進去……。

為什麼要忙成這樣，亂成這樣？不為別的，家長要子女成龍成鳳，學校要升學率高，老師要多賺外快；但是幾乎每次督學來都要到教室查這些，老師逼不得已，只好在校長授意、教務處命令下，指導學生玩這種反教育的遊戲。大家合力欺騙督學，逃避督學督查。其實督學何嘗不知道？他們也是睜一隻眼閉一隻眼，在形式上

意思意思而已；不然為什麼要先進辦公室而不先到教室巡視，讓學校有時間準備應付他們的督查？

　　以往督學到校，大家窮忙亂以外，也要窮緊張一天；可是今天竟然不但沒到教室巡查，而且第四節一上課就走了，只在學校逗留了約一個小時。

　　好奇怪！很少有的現象！

　　大家便湧向教務處問。教務處的人說出來了：「有人檢舉王老師私下拉學生在家補習。督學來查這件事，找了王老師去問話。」

　　這話引起一陣議論和猜測。

　　「會是誰告密的？」

　　「誰知道？他常常要逼學生，誰能說得定是哪一個學生或學生家長不甘心，去告了密？」也拉學生私下補習的老師是這樣說的，沒指責他的意思。「大家都知道，老師上了一天的課，再去補習，賺的是血汗錢，很苦呀！全校多少老師拉學生補習，人家不去告，就只告他，怎麼會是偶然的？」

　　不補習的老師，大部分不願得罪人，不講什麼，少部分則義正詞嚴地說：「政府今天待我們不薄，每個月給我們的薪水，雖然不會讓我們致富，已夠我們養家活口，清清白白過日子不是很好嗎？偏偏要去做那些偷偷摸摸的事，天天提心吊膽怕被告被抓，幹什麼？尤其在

教室留一手，到補習才教，更是狼心狗肺一個。現在不積陰德，將來禍延子孫，那才是天大慘事一椿！」

「一定是他家對面尤老師告的啦！」在議論紛紛中，突然文全老師來了這一句，語驚四座，大家再不說話了。

他所說的尤老師，服務在附近某國小，雖然住在王老師對門，為人耿介，但大家相信不至於做出這種害人不利己的事。文老師既然說出這語驚四座的話，很多人便心裡有數，便在猜測，他一定知道內情，尤其他常私下攻擊補習老師賺昧良心錢，也為了王老師打他班上的學生，曾經有過節，說不定是他告的密。

本來這只是猜測，沒想到有人問王老師這猜測的可能性如何，他點了一下頭，大家便認定是文老師了。這一來，大家便對他另眼相看了，和他保持距離，有時大家在講話，見他來，便停了，很叫他難堪；王老師更認定是他，在背後鼓動風潮，百般攻擊他，造成拉學生補習的老師，對他採取敵對的態度。

約過了半個月，督學趁夜到王老師家抽查，因為正發生有人告密檢舉，督學在查，王老師把補習的學生暫時解散了，所以「事出有因，查無實據」。

督學要走時問他：「你在學校有沒有得罪同事？」
「沒有呀！」

「那麼，你有沒有得罪鄰居？」

「好像一個月前，對門尤老師的孩子來，太吵，又摘花，內人曾經給趕回去，發生過不愉快。」

「以後要注意和鄰居和好相處呀！」

是誰告密的？這很明顯了。只是王老師沒講出去，誰知道真相？除了王老師不再鼓動風潮外，大家還是認定是文老師告密的，找學生私下補習的老師還是對他採敵對態度……。

1986 年 3 月 18 日　自由日報自由港

砸力點

　　帶傑傑到蕉園做工。他拔舊插香蕉支柱，我取來重插在新種的香蕉旁，以便綁緊，防止倒伏。

　　他使的是一架手壓拔柱機。是利用槓桿原理製成的，一根支架架在地上，一端是鐵鏈，拴住香蕉支柱，一端是手壓桿子，用力一次次壓桿子，香蕉支柱便一次次升高，然後全被拔起。用這工具拔香蕉支柱，省力多了；如果用人力拔，不知多久才能拔起一根呢。

　　「爸！這叫支點，」他指著支架，然後指著桿子和鐵鏈。「這叫施力點，這叫抗力點，是不？」

　　「是呀！」他現在就讀國小五年級，把自然課所教的運用到現實事物了，我正好利用機會教育他。「記得吧！它的原理是，抗力臂越短，施力臂越長，越省力。」

　　「記得！」

　　此時，一根香蕉支柱已被拔起，即將倒下。我說：「小心！快扶住！不要讓支柱倒下，砸了腳了！」

　　他立刻用手去扶著支柱，緩緩放到地上。

　　「爸！如果沒有扶好，支柱倒下，砸了腳了，被砸的那一點就叫砸力點，是吧！」

1986 年 3 月 31 日　台灣時報副刊

時間和效率

　　終於，我硬性規定了：「這樣下去不行！明天起，惠惠十點以前一定要睡，靜靜十一點以前一定要睡！」

　　很多人操心孩子讀書，望子成龍，望女成鳳，常常要坐在孩子旁邊，說是陪著孩子讀書，甚至自己當老師教起來。我卻不。對孩子的課業，我是一個最輕鬆的父親。家裡三個孩子，老大傑傑就讀高中二年級，老二就讀國中三年級，老么惠惠就讀國中一年級，都能自動，各方面都好，不用我操心，課業更是；唯一叫我操心的是太用功，晚上太晚睡。

　　我出生農家，也在農家長大。農家都是早睡早起的，我從小便養成了早睡早起的習慣。除了特別情況，我晚上很少十點以後上床的，求學時如此，現在也是如此。如果哪一天太晚睡，我第二天一定整天沒有精神，甚至昏昏欲睡，難於正常處理事情。此外，在我的教書過程中，我碰到了好些學生，每天晚睡，在校成績很好，出去參加升學考試卻失敗回來。有一位最特別，他年年

得第一，到畢業時智育理所當然是第一。畢業典禮結束，我向他道賀。他得意地告訴我，從進國中那天起，他每天晚上必定到凌晨一點才上床。我嚇了一跳，暗叫不好，他這一出去不會考上好高中。後來果然應驗。原因無他，身心長期疲勞，在校成績雖好，那是填鴨的結果，碰到活一點的試題，非垮不可。

我的習慣如此，看法如此，孩子們從小自然也和我一樣，都是早睡早起的。這習慣一直維持到老大國中三年級時，因要考高中，我特別讓他可以讀到十一點。

不巧的是，這時靜靜進國中一年級了。在國小，功課壓力不大，到國中不一樣了；她看到哥哥晚睡，便常常跟著晚睡，不像老么惠惠，仍在國小，早早就上床，過得相當正常。

雖然沒有每天，但幾乎每天晚上多了一個小時，靜靜一年級在校功課自然相當突出，每學期都是全校全年級第一名。到了二年級，我要她回復晚上十時以前上床。雖然晚上少讀了一個小時；但她好強，不願輸人，仍然保持每學期全校全年級第一名。但是一上三年級，她立刻要求晚上要讀到十一點；因為要複習一、二年級的課程，準備升學考試。我說：「讀書有效率最重要。有效率地讀一個小時，可能比沒有效率地讀一天還好。要怎樣才會讀得有效率？集中精神來讀！讀書時間長

不一定有用。妳二年級時沒有讀到晚上十一點，成績還不是和一年級一樣，都是第一名？」他卻說：「哥哥三年級時可以讀到十一點，我為什麼不可以？」我沒話說，只得由她去。

這時候，歷史重演了。靜靜就讀國中三年級，老么惠惠就讀國中一年級，正和當年老大傑傑就讀國中三年級老二靜靜就讀國中一年級一樣，靜靜可以讀到晚上十一點，惠惠自然也要。

現在已經下學期了。對一個國中三年級下學期的學生來說，其緊張，其壓力，是大家都知道的。老師們為了激勵學生用功，常要誇大其詞地說，「別的學校的學生，人家都要讀到晚上兩三點才上床睡覺，哪像你們，睡豬一個？」弄得學生緊張兮兮，不可終日。雖然靜靜在學校已是全校全年級最好的；但聽了老師這些話，也跟著緊張起來，往往要讀到超過十一點、十二點，凌晨一點。惠惠看她如此，何止不甘示弱？她更好強，讀得更晚，常常要讀到十二點、凌晨一點。

這絕對不是好現象！一個國中學生，各方面正在發育成長，這麼幾乎不眠不休地讀下去，是揠苗助長，是害多於利的。我本來就是早睡早起的人，如果有一天晚睡，第二天一定整天沒有精神，甚至昏昏欲睡，難於正常處理事情；在我教書過程中，又碰到好些學生太用

功，晚上睡覺太少，遭致失敗，怎麼願意讓她們那麼晚睡？可是沒辦法。我禁歸禁。她們往往皮到我被瞌睡蟲拉去見周公了，還在繼續讀……。

果然今天惠惠在學校「病」倒了。她這所謂「病」是自古所未曾有的，藥方也是：整個人就是沒力氣，和虛脫了一樣；從上午第三節起，在健康中心睡到下午第六節，好了！

原來她昨天晚上讀到凌晨兩點才睡。

我只好硬性規定，惠惠晚上十點以前一定要去睡，靜靜十一點以前一定要去睡。有惠惠今天發生這件事為證，她們想必會照我的規定吧！

　　　　　1986 年 4 月 1 日　自由日報自由港

同事‧朋友

　　那天上午十時，我到郵寄掛號信，碰到了劉文章。好久不見了，我和他聊了起來。聊不到幾句，只見孫二郎進來，領了款，走了。我和他只是點頭之交，並不頂熟，這次見面當然也是和他點了一下頭，禮貌禮貌。我知道老劉和他很熟，他還沒調去和老劉同校以前，兩人是很要好的朋友，常常見他們騎了機車，一起去打桌球，同進同出。那情形可用如膠似漆來形容。現在他調去和老劉同校一年多了，由朋友加上同事，關係應該更密切；但是這次兩個人見面，卻沒打一下招呼。怪！

　　「朋友？那是以前的事。」我問他，他是這樣回答的。

　　「現在不是朋友了？」

　　「不是。是同事。」他特別強調同事。

　　「朋友和同事有什麼不同？」

　　「朋友是講道義的，是互相幫助的，在組織理論上叫非正式組織；同事則納入正式組織，往往是相互競爭的，勾心鬥角的，或者是無言冷漠，順從盡責的。」

「當了同事就不能當朋友了嗎？」我相信他知道我指的是他和孫二郎。

「當然可以。心中相契的朋友當然也可以也是同事，同事當然也可以是心中相契的朋友，兩者並不衝突。但是我和他不同。他還沒來以前，我認知錯誤了，以為他是我的朋友，以朋友之禮對待他。他要調來和我同校，我還幫他忙，告訴他門路，在校長面前講盡他的好話。來了以後，我還是把他看成朋友。但是一年以後，我發覺我認知錯誤了，他已經不是我的朋友，是我的同事。」

「怎麼說？」

「你知道我的主任是怎麼下台的嗎？」

「什麼？你不兼主任了？」

「是呀！」

「怎麼沒兼的？」

「就是孫二郎搶去的。」

「什麼？怎麼有這樣的事？難怪你不把他當朋友了。」

他只是看著我，不吭一聲。

「難道你搶輸他？你在那裡那麼久，也當那麼久的主任，人際關係會輸他嗎？」

「怎麼可能？」

「你的實力輸他嗎？我知道你工作認真，腳踏實

地。這些你絕不會輸他。」

「大概是吧！」

「你的孩子也不輸他。你的三個孩子成績都很好，總在全年級前三名，他的孩子則常常五、六科不及格、數學常常考個位數，並且有行為問題。」

「是呀！」

「難道你買東西的回扣沒給校長？」

「我從來不拿回扣！當主任第一年，有一家印刷廠曾送了五千元給我。我給退了。以後就沒有人送過。」

「你大概就是壞在這裡。你沒拿回扣，校長以為你拿了沒分給他。」

「是有人這麼說。不過是不是這樣，我不敢說。以前那個校長是不會的。」

「這就對了！以前那個校長知道你操守好，不拿回扣，所以主任你可以當那麼久；換了這個校長，誤會你拿回扣不分給他，所以一年便把你換了，也剛好孫二郎搶進去。我看關鍵就在這裡。」

「這我沒什麼怨的。我只怨孫二郎，既然是朋友，他要當主任，跟我講一聲不就得了？在國中，當主任又不是什麼不得了的，我讓他就是了嘛！耍那種陰的，卑鄙！我怎麼當他是朋友？」

是有道理！

1986 年 4 月 12 日　自由日報自由港

無語問蒼天

睡不著！睡不著就是睡不著！我輾轉反側。

太反常了！由於血壓太低，脈搏跳動太慢，我本來是一個愛睏仙，一向一躺上床，不要半分鐘一定睡著。在什麼地方都能睡，在什麼情況下都能睡，即使站著或談話中都能睡，甚至騎機車也能稍為「迷糊」些時間。今天卻上床躺這麼久了，仍然不停輾轉反側，睡不著。以前發生再大的事，只要一上床，我便能忘卻一切，不會睡不著，現在我卻怎麼也睡不著。

不要去想！已經過去，沒辦法補救了，想了是沒有用的！自己這麼告訴自己；但沒有用，仍然要去想。

為什麼報名期間會這麼短？三月十日音樂資優甄試申請報名公文到校，一接到通知，我立刻帶靜靜去照相，次日即把照片交出去，準時完成申請報名手續。學校當日下午一時多限時專送寄出去，竟趕不及申請報名截止時間。難道資賦優異一定要這麼快？我們的資優學生都是這麼培養出來的？天才是這麼輕而易舉就可得

到的嗎？我才不相信！以愛迪生這樣的大發明家，都還說天才是九十九分的努力，天才怎會是這樣速成的？我女靜靜，自發現她有音樂性向和興趣起，也有近十年的時間了。這近十年來，她是如何錘鍊的呢？別說花用了多少器材費和學費，也別說錘鍊了將近十年，就說從進國中算起吧！很多學生在國小以前練得很好，到國中功課一緊便放棄了；她卻能堅持不懈，每天抽出兩小時以上時間練鋼琴，練琵琶，每週抽出兩個半天去接受老師的傳授，又把功課維持每學期全年級第一名，維持五育成績都能合於甄試標準，且超出很多，這豈是輕而易舉的？這豈是今天公文到，明天截止報名，前後兩天就培養得出來的？何況一接到通知，我便帶她去照相，次日馬上申請，學校準時寄出；卻仍然要被否定，被抹煞，被拒絕參加甄試？

如果不是那天去高雄，有人跟我說，三月廿八日起甄試，恐怕甄試結束了，我還不知道呢。一直沒接到通知，廿六日下午，我被急迫的情勢逼著打電話到師大附中問，才知道名單中沒有靜靜。從那時起，到廿七日夜晚，我一直打電話，希望找出原因，謀求補救，卻都徒然。教育廳說，該廳先後送了兩批到教育部，第一批十二日，第二批十九日，沒有靜靜。教育局主辦人先是說沒有接到靜靜的報名書表，後來回答十四日接到，最後

回答十三日接到；但已經過期了，公文說得很清楚，申請報名書表各校須在十一日以前送達該局。既然這樣，那麼靜靜的申請報名書表哪裡去了？為什麼不退回來？教育局主辦人說，送教育廳了；教育廳則說沒收到，如果有，已退回教育局。是掉了？就像靜靜資賦優異的資格，這樣輕易就掉了？怎麼掉的？誰掉的？連她資賦優異也掉了？連我一躺上床不到半分鐘便睡著的資賦也掉了？

　　我只好躺在床上輾轉反側了。明知道不該去想，卻要去想，我患失眠了。好幾天了，仍然如此。

　　有人要我追查到底，看是誰疏忽職責的，他要負責，有人要我請求國家賠償；只是，這有用嗎？追查責任，只使失職者受到懲罰；請求國家賠償，又能賠償什麼？對資優甄試機會的失去，又於事何補？我將如何？哭嗎？靜靜哭了，好傷心的，連續好幾天！我呢？我沒有哭，只是現在仍有眼淚在湧流就是了。可是，這有用嗎？能有補救的機會嗎？我只好無語問蒼天了。

　　啊，無語問蒼天！

　　　　　　1986 年 4 月 28 日　自由日報自由港

前嫂與後嫂

一聽到校長換人，大家好高興。

太久了，從到校到現在，十二年，在沈校長的「統治」之下，大家簡直過著「水深火熱」的日子，一直有久旱望雲霓的心裡。一旦他被換走，不管來人是誰，大家都有從「水深火熱」中被拯救出來，久旱逢甘霖的感覺。

難怪呀！沈校長太霸道，太專制，太沒人情味了。他的要求，是無缺點的，是十全十美的。你看！一大早，才六點四十，他便站在校門口了。哪個老師敢不早點到校？學生七點二十開始早自習，如果有哪位導師吃了豹子膽，敢在七點二十以後到校，便要被調到校長室刮鬍子。哪一次段考學生成績不好，一定召開教師檢討會。一旦他發現哪一班有字紙，哪一班上課秩序欠佳，哪一班集合不守秩序，哪一班導師便要倒楣，被「調」去訓話。他對教師的要求更是嚴格。你看！導師除了陪學生早自習，午餐還要陪他們一起吃，週會、升降旗和其他

集會也要陪著，並且整天必須在校，連專任老師也不例外，專任老師還要輪流照顧專科教室，任何教師都不得私下招學生補習……最讓人不滿的是，他專斷獨行，不聽人「勸」。譬如學生考試成績差，要求由老師加些分數，比較好看，他無論如何就是不准。譬如考完試那天下午，要求讓老師輕鬆一下，他還是打回票。譬如婦女節，女性教職員本該放假，他不但不答應男性的職員也「女男平等」放一天假，還要女性教職員全部到校，不支加班費，怎麼爭取，他都堅持他的做法。譬如教師請假，他規定非補課不可，而且必須通知他，讓他親自到場看有沒有補，要求他請公假的和擔任技能科的睜隻眼閉隻眼，他硬是不肯。譬如要求讓專任老師不必全天候在校，他怎麼也不理。……真叫人忍受不了。多數老師遠遠看見他，便及早走避，不願和他碰面。大家說他太嚴格，說他不通人情，說到他沒話說的時候，他總是拋給大家這句話：「後嫂未來，你們不知道前嫂好。等校長換了以後，你們就知道了。」

　　校長換了以後就知道？還要等校長換了？不必換，大家便可以很肯定地說，任何一個人來當校長，都會比他強上十倍！所以，大家都在等換校長。有好些人都等得不耐煩了，等到第十一年便有些人在高興了：「校長要換了。我們要重見天日了。」原來校長一任五年，

只能兩任，最多再延兩年；現在，十二年終於等到了，校長換人了，大家一聽到這消息，當然高興。

以急不及待的心情，大家送走了舊任沈校長，迎進了新任王校長。大家真的太高興了。為了慶祝免於「水深火熱」，「重見天日」，大家自動出錢，第二天晚上聚餐，並買了兩條共十兩的金項鍊，當場送給新任王校長。

日子在興奮中過去。

大家免於「水深火熱」，「重見天日」了。你看！再沒有一大早校長站在校門口的威脅了，可以不陪學生早自習了，可以不陪學生午餐了，可以不陪學生參加週會、升降旗典禮和其他集會了，不但專任老師不必整天在校，而且導師都可以往外跑了，班級有紙屑，秩序不好，考試成績差，集合不守秩序，再也不會被刮鬍子了。如果要找他，到校長室。他很盡忠職「守」，很少離開校長室，去找他的人絕不會落空。他一定從報紙覆蓋在臉上的瞌睡中醒來接見找他的人。

日子越久，越有人覺得不對勁了。怎麼學生規矩越來越差？見了老師少有敬禮的。紙屑滿校園。校內常常鬧哄哄。打架、作弊、逃課、服裝不整等等違規案件日多。學生功課為什麼漸漸差了？啊，很少有學生捧書而讀了。學生成績差，有什麼關係？加分嘛！校長在動員月會公開要求給學生加分。加分還得有技巧呢。每人都

加同樣分數不公平。有的可能加到一百分以上。開平方乘十最好。很多老師大為驚服。莫非這個校長是加分專家？他積了幾十年的經驗了。還有，為什麼老師上課慢慢「輕鬆」了？為什麼上課鐘響了，老師還沒到教室？為什麼常常有老師提前下課？為什麼英語、數理老師所辦的私人補習越來越多？為什麼他們紛紛買轎車，而且常常換，越換越大越貴？為什麼有些年級，班上學生名單不少，實際來上課的卻少？為什麼常常開會出席人數不多，校長拍桌子，改期再開？為什麼賣參考書、測驗卷及各種商品的人，越來越多，橫行辦公室和教室？為什麼兼職人員常常更換？……

　　終於，老師們陸陸續續悟出舊任沈校長所說那句話的意思了。他是這麼說的：「後嫂未來，你們不知前嫂好啦！等校長換了，你們就知道了。」

　　　　　　1986 年 5 月 20 日　自由日報自由港

吉人之辭

突然，如電光石火，予我猛然一擊，我對他的印象丕變，仿佛看見他身上煥發出了一道聖潔的祥光……。

老師對學生的印象繫於學生平日的表現。他平日雖然總是服裝整潔，不違規調皮，也有禮貌；但是矮小瘦弱，動作慢了些，講話也不流利，看起來有些愚拙，予我印象並很好。其實我對他有這個愚拙不好的印象，主要原因可能是他課業成績欠佳。想想，公民與道德這種對國中生來說並不艱深的科目，每次考起來，他總得個十幾二十分，怎麼叫我不對他有愚拙不好的印象？

考完試了。第一堂上課，我照例把試卷發還學生，當堂檢討；檢討完了，照例要他們分數有出入的，拿來更正。

學生試卷多，改起來，評成績，免不了有失誤，或加多幾分減少幾分，或改得太快，有疏忽，不夠正確。當堂檢討完後，更正分數，可以改正這些失誤，以求正確合理。大部分學生是：少給分，便急忙提出來更正，

以便要回分數。有些甚至不誠實，為了「討」分數，不擇手段，偷偷寫下正確的答案，以原來不會空著的為多，再來要分數。至於寫錯了，老師因疏忽改為對，多給分，提出來減分的，便少之又少了。

他拿出來更正分數了。起初我以為他是要更正加分呢，沒想到他說：「選擇第五題答案是二，第六題是三，我寫倒反，老師改錯了！」

因為「他是要更正加分」這先入為主的觀念在作祟，我一下子反應不過來。

「我的分數多了四分，要減四分才對！」

他這一說，我雖然反應過來了，卻仍不下筆。

「分數再減便太少了。」

「該減便減嘛！」

「只剩十三分呢！」我很不忍心。

「沒關係！分數不要緊！誠實最重要！」

對！分數不要緊！誠實最重要！多少人公民與道德考九十幾分一百分；但行為上不把考的時候會作答的道理做出來，有什麼用？當漢奸禍國殃民的人，不都是書讀得很好而行為不好的人嗎？孔子所以讚美顏回：『退而省其私，回也不愚！』道理就在這裡！這名學生，課業成績雖然不好；但他不是像顏回之類的人嗎？我們國家社會，寧可要這樣「說到做到」或「未說先做」

的人，不要「好話說盡，壞事做絕」的人。「吉人之辭寡，躁人之辭多」！我們的道德教育和生活教育之有今天這種場面，就是沒有落實實踐使然吧！

　　我一時如遭電光石火，對他的印象丕變，仿佛看見他身上煥發出了一道聖潔的祥光……。

　　我毅然拿起紅筆，把他的分數減了下去。

　　　　　1986 年 5 月 23 日　大華晚報淡水河

耕耘者和花瓶

　　學校派我前往參觀在某國中舉辦的全縣公民與道德科教學觀摩，我按時前往。

　　這所國中在環境衛生綠化美化工作上，一再得到好評，不管在督學區或在全縣，總是一比賽便得冠軍，名聞遐邇。報紙常常報導該校這項工作的美好，該校是這項工作的模範學校。很多別的學校紛紛派員前往參觀求教，希望「他山之石可以攻錯」。

　　另一方面，該校校長則大出風頭。報上常常出現關於他從事這項工作的報導，連照片也一起登出。一會兒是他推著除草機在除草。一會兒是他在修剪樹枝樹葉。……不知是我的錯覺還是怎樣，我總覺得該校這項工作的佳績，是該校校長積極努力推動創造出來的。現在「強人校長」相當多！

　　這項業務工作，主要是由訓導處推動才對吧！為什麼都由校長單獨一個人做？那不會太累嗎？為什麼訓導處不做？我一直深感奇怪。

　　果然這所學校環境衛生綠化美化工作做得不錯！一進該校校門，我一眼便發覺，該校「不一樣就是不一樣」；到處乾乾淨淨的，校路、校園規劃得井井有條，符合境教的原則，花草樹木種植得很適宜，該路的路，該亭的亭，該園的園，該花的花，該草的草，該樹木的樹木，而且看起來就知道經常有人整理灌水……總之，讓人覺得這是一所經過教育設計並常整理維護的學校，在境教上照理應該是很有效果的。

　　從到該校起，我一直看到有一個人，很像校工，在校園裡不停地穿梭，撿拾著紙屑，也有學生跟著撿。我很感奇怪，找了一名教師問：

　　「你們學校環的整潔，是靠這樣維持的嗎？」

　　「是呀！」

　　「難怪！專門有一個校工整理，當然好！」

　　「你說哪一個校工？」

　　「那個呀！撿紙屑那個呀！」

　　「他？他是訓導處林主任。」

　　「什麼？你們學校環境衛生綠化美化的工作，難道訓導處也很努力嗎？」

　　「當然了。」

　　「不是只有校長在做嗎？」

　　「怎麼可能？本來這項工作就是訓導處主辦的

嘛！尤其是林主任，他都以身作則，默默地做。全校師生看了，便跟著做。今天是全縣教學觀摩，花草樹木都已整理好，他又怕去修剪花木會招惹人家的眼光，說他做給人家看，說他沽名釣譽；不然他早已在那裡修修剪剪了。他平常每天就像瘋子一樣在做的。即使是今天，他本來應該站出去歡迎大家接待大家的，也習慣性地在撿紙屑。」

「報紙只登你們校長。我以為只有校長在做呢！」

「校長平時根本不做。他只是報紙登載的花瓶。」

「你形容校長是花瓶，很有意思！」

「本來就是嘛！專供記者拍照，報紙登載，不是花瓶，是什麼？」

「難道林主任這樣，記者不找他報導嗎？」

「找！記者常常找他，要報導他。他都拒絕了。有一次，記者偷拍了一張他在修剪花木的照片，他還和記者吵，一直吵到記者不發新聞稿，把底片送還給他。」

「為什麼會這樣？」

「他說，盛名多累。他寧願默默耕耘，不求聞達。」

　我想，我們國家社會最需要這種人；我也相信，我們國家社會裡處處有這種人。

　　　　1986 年 6 月 1 日　自由日報自由港

老院長的病

老院長病倒了。

是肚子痛，痛得臉色蒼白發青，額頭冒出冷汗。

他被送進了附屬醫院。

這所醫學院是他一手創辦的。附屬醫院全國聞名。裡頭的醫師全部是該醫學院的畢業生，也絕大部分是他的高材生。他一肚子痛，被送進醫院，立刻引起了一陣緊張，一陣騷動。不僅院裡，甚至電話一通通打到外埠。圍集過來的醫師都是他的學生。

「你看怎麼樣？」

「好像爛尾。」

「我也認為是，但不敢確定。」

「老師的病，診斷要謹慎！萬一診斷不準，開了刀，我們豈不鬧笑話？而且，我們又有什麼面目以對老師，對社會大眾？」

「是呀！就是因為他是我們的老師，老院長，名氣大，所以我們不能輕率，不敢冒然斷診。」

「怎麼辦？」

大家你一言我一語，遲疑著。一個一個醫師，都是名醫，診察過了，大家都認為是盲腸炎，很少有別的診斷；但是都遲疑著，不敢遽下斷語。

「爛尾，沒錯，開刀！」終於，有一個這麼肯定地下斷語了。

大家定睛一看，一個三十歲出頭的小伙子，才畢業不到三年，最年輕的，也是在校成績最差的。當年在校，他是老院長最頭痛的學生。學任何一樣東西，人家都會了，他還鬧不清，總要問這問那，有時問得老院長發火。為此，畢業後，附屬醫院不留他。成績好的學生多得很，還輪得到他？他也沒提出請求，現在在外埠開了一家小醫院。是有人打電話給他，才獲知老院長病倒，回來看院長的，起先並沒有在為老院長看病之列。輪不到他！

「不要亂診斷！我們這麼多人都不敢肯定斷症，你這麼肯定！」意思是：我們在校成績這麼好，都不敢斷了，還輪到你？你是老幾？

「絕對沒問題！爛尾就是爛尾！開刀！」

「不能開玩笑噢！開了刀，不是爛尾，你要負責噢！」

「我負責！開了刀，不是，我絕對負責！」

大家還是遲疑著。

「開刀嘛！再拖下去，老師的命要不保了。你們不開，我來。我負責。」

大家看他那麼堅持，又看到老院長肚子痛的苦楚，只好由他開刀了。

果然是盲腸炎！

開刀後一週，老院長出院了。

老院長很感慨，要調他進附屬醫院。他拒絕了。他又回到在外埠開的那家小醫院，繼續行醫。他不忍心把開業近三年的小醫院關掉。

1986 年 6 月 13 日　自由日報自由港

走出孤獨

　　從高雄回來，走出火車站，便碰到了陳秀怡。她和兩個同伴，騎著腳踏車，看見我，笑盈盈的，一聲「老師好」，便急馳過去了。

　　她是去年畢業的，現在在高職就讀。已近一年了，能看見她，和正常學生一樣，騎腳踏車，有說有笑，過正常生活，我感到無限欣慰。

　　初次見到她，她是國中一年級的女生，坐在教室右前角的一號位置。她有著蒼白的膚色，細瘦的身材，看起來，不勝嬌弱，常常用稍凸的大眼睛靜靜地盯視著別人。

　　我任她班上兩節課，並沒有特別注意到她。我們的國中，採大班級教學。在那麼多學生的大班級裡，要很快發現一個特異的學生，是不容易的。從外表不一定可以看出一個人來，而且她的外表並沒和別的學生有什麼太大差異。

　　上完一個單元後，做作業，全班有三個沒交，她是

其中一個。我問原因，其他兩個說了，只有她用稍凸的大眼睛靜靜地盯視著我，不吭一聲。

我們的教育太死了。大部分教師喜歡自己講，學生聽。我不贊成。那樣，學生會被動，畏縮，循規蹈矩，不活潑，成為大家讚賞的「乖孩子」。這情形，學生平日最直捷的表現便是，不愛講話，甚至老師問了也只瞪著兩眼不吭一聲。我是最討厭這種學生的。我教書一向鼓勵學生參與，發表，曾自誇被我教過三年以後的學生，不可以有任何一個臨時被叫上台講話，會臉紅，說不出話來。她這麼用稍突的大眼睛靜靜地盯著我，不吭一聲，實在是對我的一大打擊，一大侮辱。我很不高興地說：

「妳講話呀！為什麼不講話？」

她還是用稍凸的大眼睛靜靜地盯視著我，不吭一聲。我越來越不高興，越急越大聲地問她，她仍然一樣……。

「老師，她不會講話啦！」這時，教室裡突然有學生七嘴八舌地說著這話，有的甚至說：「她是從來不寫作業的。」

我詳細查問，才知道，她從小就患有自閉症，從來不跟別人講話，即使是父母、兄弟姐妹，即使是現在的導師，都一樣。進國小，她被編在益智班，作業從來不

寫……。

　　啊，我明白了！她之獨自坐在教室右前角的一號位置，不是一種孤獨，一種與人隔絕嗎？她之有此蒼白的膚色，不是因為長年躲在陰暗的一角，不敢走到陽光下，和別人朗聲說笑所造成的嗎？她細瘦的身材，一剎已變成纖細柔弱的溫室裡的花朵之影子了。她用稍凸的大眼睛靜靜地盯視著別人，正顯示她內心的不安、疑懼、畏縮……。

　　「我要拯救她！我要拯救她！」我在心中吶喊著。「我要她走到亮麗的陽光下，來看世界的美，享受和別人交往時的開朗說笑！我要她生活得好好的，成為一株風雨摧不倒毀不了的大樹！」

　　下定了決心，我開始了我的工作。雖然我只任她班上兩節課，我仍天天去找她，跟她談，關心她的生活起居、功課、作業，鼓勵她，讚美她，輕抓她的頭髮，逗一逗她。不管她的反應如何，我決心讓她講出話來。

　　起先，她總是把頭低下去，讓額頭抵在課桌上，不理我。慢慢地，她有反應了，搖一下頭，昂一下臉……終於把頭抬起來了，終於臉上現出笑容了，終於以點頭或搖頭來表達了，終於說出一個「好」字了。

　　我好高興！她這「好」字，成了她開口說話的起點。慢慢地，她走出了孤獨和畏縮，站到陽光下，和別人一

樣遊戲、說笑、讀書、工作了。

　　沒有一個人是天生孤獨、恐懼、畏縮的，即使是自閉症患者，也可以設法引導他，使他從孤獨、恐懼、畏縮的陰影中，走到亮麗的陽光下。

　　　　　　1986 年 7 月 10 日　自由日報自由港

陣雨舊事

　　降旗的時候,一陣黑隨著烏雲的飛近漫掩而至;接著,一陣大雨嘩啦啦地傾盆而下。

　　幸好大家動作迅速,趕快結束降旗;不然恐怕要被淋成落湯雞了。

　　降旗後就放學了。但是正下著大雨,學生如何回去?

　　是陣雨。早上來上學時,並沒有下雨的徵兆,大家沒帶雨具來。大家臉上的表情是焦急的。學生一個接一個不停地打電話。

　　打電話幹什麼?

　　打回去求救呀!

　　沒多久,救兵來了。一個個家長送來雨衣或雨傘。一個個學生穿了雨衣或撐了雨傘往家的方向走。留在學校的學生越來越少了……。

　　那些穿了雨衣或撐了雨傘回家的學生,是我小時候的同學嗎?留在學校的學生中是否有一個我?……剎

那間，我穿過時光隧道，回到了小時那年。

也是這樣的夏日。也是這樣的大雨。同學們一個個獲得父母送來的雨衣或雨傘，回去了。同學慢慢少了。最後竟然只剩下我一個。

那是我國小四年級的時候，眼看天漸漸暗下來，我焦急得無以復加。我家住得較遠是事實；但是平常遇雨，父母是不會到這麼晚才送雨傘來的。為什麼還不送來？都到田裡去了？怎麼到這麼晚了還沒回家？把我忘了？……我不禁有些抱怨起來。但是，又能如何？只好在走廊走來走去，急切盼望一個熟悉的人影出現……。最後，走得已經太累了，我走回教室，趴在課桌上睡著了……。

不知過了多久，一雙冰冷的手有力地抓住我的肩膀，把我搖醒了。

是母親。

「失禮！我來得太慢了。」

我以一雙怨怒的眼怒視著她。

「雨傘在這裡。回去吧！」

我不理她，抓起雨傘，撐開來，便任性地往家的方向跑，一直跑回到家裡。

沒想到母親卻遲遲未歸。一直到全家人等得幾乎不耐煩，我想冒雨出去尋找了，才見她蹣跚著腳步回來。

她左腳膝蓋包紮著。

原來她到醫院裏傷。

她是在冒著大雨到學校給我送雨傘途中，滑倒受傷的。她之所以那麼遲遲才送到，就是因為受傷，忍著疼痛，讓大雨洗刷著傷口和鮮血，勉強慢慢行走送到的。

我錯怪了她。我一下大哭了出來。

　　　　　1986 年 7 月 27 日　大華晚報淡水河

付出關心

在那個班上，他原是一個很特殊的學生：考試成績不好，穿得一身邋邋遢遢，鈕扣常常不扣，有時上面的鈕扣扣到下一個鈕扣孔裡，上課從來沒有五分鐘安靜過，不是捏這個就是玩那個，不是睡覺就是找人講話，喜歡發問，常常發問一些奇怪而幼稚的問題，有時才講過，他又舉手發問，令人啼笑皆非……。

糾正他，有用嗎？考試成績仍然在及格邊緣。衣服不要五分鐘，又慢慢回復邋邋遢遢。這些還不打緊，上課最叫人頭痛。睡覺最好了。雖然自覺講得滿頭大汗，他呼呼大睡，所講對他形同浪費，自己有受辱之感；但是至少他不吵人，對別人還有作用。他們還聽了嘛！如認為他在睡覺，沒聽到課，受損了，而且自己受辱了，把他喊醒，這下可好了，他找人講話，變成兩三個學生受損了，而老師也因此情緒受影響，聲音需放大，喉嚨受損更大。糾正他，作用不大，大約安靜五分鐘；五分鐘後，不是睡覺就是找人講話，常常一不小心，把橡皮筋彈到講桌上，或突然大叫一聲。原來他被刀子割傷

了……噢，氣死人了！

上那班課的老師，沒有一個對他有好印象的。一談起他，這個罵，那個也罵，氣憤填膺，大家都感到頭痛，卻對他沒辦法。

那一次作文，出現奇蹟，他交了一篇很有內容的東西。我原以為那是文抄公的傑作，但是行文並不很順暢，遣詞用字也有毛病，又有錯別字。我想這些已足以證明它不是文抄公的傑作了。我給了它很高分數，特別用心批改。發還時，我在班上特別予以推崇讚揚，並要他抄騰了送給校刊發表。

第二天一大早，他到辦公室找我，交給我那篇作文。

「同學和老師都對我印象不好，沒有人關心我，所以我在學校就自暴自棄了。昨天，老師特別看得起我，在班上讚美我的作文，要我抄到校刊發表，真叫我感謝！畢竟還有人關心我的。我以後一定要改正以前的過失！」

我定睛一看，他果然衣著整潔，不再像以前那麼邋遢了。

「我相信你！以後要認真嚴肅地學習，同學和老師就不會對你的印象不好了。」

自此以後，他果然換了一個人，衣著整潔，不再邋遢，上課也認真聽講，大家對他的印象也跟著改變了。

1986 年 7 月 27 日　大華晚報淡水河

小魚吃大魚

夜裡十一點，人們漸次睡覺休息，吵雜聲漸次少了；這裡卻正熱鬧。

煙霧在空間繚繞著。四個賭徒都抽煙，空間便瀰漫著煙霧了。那些煙從各人口中噴出以後，雖然相互混合，漸漸淡化、消失；煙味卻仍很濃。他們抽著「一手煙」，也相互交換抽著二手煙。

場裡不時有聲音傳出來。那是洗牌的聲音。那是麻將牌相互碰撞的聲音。那是發牌重擊桌面的聲音。那是四個人發出的聲音：

「碰！」

「唉，我聽好久了，就是聽不到。」

「我要輸光了。」

「我今天運氣還不錯。可能會贏呢！哈哈……」說話的是李興堂老師。他這是客氣的說法。今天從一開始，他就一直贏，給他相當的信心，一定會贏！他不好直說出來，只是未保留客氣地說；但是說到這裡，他停

住了，嘴型被凍僵在「哈」這個字上。

　　原來他看見一個小孩推門進來了。他一眼便認出，那是他班上學生王亦明。他在家裡開的補習課，這個學生今晚沒有來。是上午第二節，他上數學，這名學生一直拿橡皮筋用紙彈打同學。因為平常這名學生就不太守規矩，又在他那裡補習，他沒去管。沒想到，後來竟然有一發紙彈，打到他前方那位學生後腦袋，彈到了他身上。他一時生氣，大聲斥責，卻遭到反抗。他拿起藤條，作勢要打他，他竟背起書包就急速溜出教室，往校外跑，並且丟下一句話：

　　「我們走著瞧吧！」

　　現在，在這樣的場合，這名學生出現了。是要對他有什麼不利的行動嗎？

　　「老師，你好！」

　　「好！」他的聲音是生硬的。「你怎麼到這種地方來？」

　　「有其師必有其生！我們彼此彼此！你能來，我當然也能來！」

　　「你怎麼講這種話？」

　　「見人說人話，見鬼說鬼話！」學生說：「今天晚上手氣不錯吧！」

　　他不講話。

「既然手氣不錯,雞子給一些吧!最近手頭緊了些。」

沒想到竟伸手向他要錢!是抽賭博稅?這樣的學生!

「亂來!」

「什麼亂來?你的轎車有一個輪子是我出資買的,我一直沒坐過;你的賭資有一部分是我出的,你贏了,我當然要分一些紅了。這有什麼亂來的?你招補習,向我要錢,買轎車,來賭博,就不亂來?我明天請校長來評評理好了,看到底是誰亂來。」

「好好!你拿去!」他從口袋裡掏出了一把鈔票。「不要跟校長講!也不要跟別的同學講!」

「不會的。」學生說:「君子一言既出,駟馬難追。我說話算話。」

1986 年 8 月 22 日　自由日報自由港

升學和就業之間

又遇見了她，又只給我車票不收我的錢。

我一向會暈車，台汽的車或客運車，除非不得已，不然我是不坐的。不知為什麼會這麼巧，很少坐，卻已是第二次遇見她。

她是我以前的一名學生。

資質相當好，肯用功，學業成績相當不錯，長得相當漂亮，又乖巧，又肯做事，這樣的學生，總給老師良好的印象。我對她的印象，大概就是套的這一個模式。

她一直在升學班裡，一向正常，班上什麼升學活動、輔導，她都參加，並且有很好的表現，大家寄予相當高的期望。沒想到升三年級那個暑假，她竟然在調查回條上填，不到校參加學藝活動。

雖然叫做學藝活動，教育廳規定的辦法，不以升學為主；但各校大多陽奉陰違，以升學為主要目標。這可以說是想升學學生的關鍵時刻，她竟不參加，怎麼行？

問她，她說不升學。

為什麼？

她堅持不說出原因。

我做了家庭訪問。

原來是她父親生意失敗，欠人家很多錢，雖然沒宣佈倒閉，其實跟倒閉沒什麼兩樣。

我軟硬兼施，一方面鼓勵她升學，一方面逼著她升學。所有升學活動及輔導，所需費用都免她繳。

她終於沒有離開升學班。

可是，這只是外表形式，她內心有沒有要升學？

從升上三年級後，她的成績一直往下落。一開始，鼓勵她，還有些效，成績還上爬一些；沒幾天，就像被刺破小洞的球，成績又落下了。到後來，鼓勵歸鼓勵，說得口焦舌爛，她仍像破了很大洞的球，一無用處。

到了三年級下學期，即將參加升學考試，她的成績更形下落。我對她很覺洩氣，也很生氣，鼓勵不成，也曾罵過她，都沒有用。

她畢業後，沒有參加任何升學考試。

我很引以為憾。一個可以升學的學生，沒有引導好，讓她升上理想學校，對當教師的我，自然是很難過的。我的意思不是說每一個國中畢業生都要升學，只是她的資質、成績，是該升學而沒有升學，所以引以為憾。

漸漸地，這事隨著時間的過去，被我給淡忘了。

直到兩年前，我到鳳山陸軍官校指導學生文藝社團，坐火車不方便，我坐火車到屏東，再坐台汽的車前往，才又遇到。

原來她已經當了一年多車掌小姐。她說她相當滿意這個工作，至少有收入，可貼補家用，並抱歉地說：

「我辜負了老師的期望，很抱歉！家庭經濟情況不允許，我只好放棄升學了。那是逼不得已的。我心裡何嘗不痛苦？不想升學？車票錢，小意思。當年你不收我的輔導費，現在我不收你的車票錢，算是報答老師好了。」

我很感慶幸，她能找到這個工作。其實，升學到最後不仍要就業？提早就業，又有什麼不好？

1986 年 9 月 7 日　自由日報自由港

補習的成效

　　她是一個國中一年級的學生，長得相當漂亮：高挑的身材，除腰小以外，臀部已發育，雙峰已高起，皮膚白裡透紅，細嫩而柔滑，臉部姣好美麗，純粹是一個美人胚子；可惜雙眸眼神不定，在鏡片後那一雙眼睛，我怎麼看，怎麼覺得有些混濁萎頓的樣子。

　　這是她給我的第一個印象。由於在國小執教的好友老王特別向我推荐，說她在他家補習作文，作文造詣很好；因此，第一次上國文，我便特別注意她。

　　出乎我的意料，她的國文程度似乎沒有我想像的那麼好。上課時，我問了她幾個問題，並不難，她卻回答不來。這是怎麼搞的？老王不是說她作文造詣很好嗎？怎麼國文程度會不好？我從來不招學生補習，對他們招學生補習的所謂程度高，作文造詣好，是以什麼為標準，我是不得而知了。

　　或許她是作文好，國文不好吧！這是資質好但不用功的緣故。我教了廿一年書了，碰到過這樣的學生：寫起作文來，她很高興，寫得很好，有板有眼；但是每次國文考試，她就是不及格。說不定她是這樣的學生吧！

不過，我左看右看，在鏡片後那一雙眼睛，我怎麼看，怎麼覺得有混濁萎頓的樣子，顯然不是資質好。

今天，到了連兩堂的作文時間，我在黑板上寫了題目，把題意大略說明並解說作法，就坐下來，讓他們自己去發揮。

不定時地掃瞄學生，每次都看見大家埋頭在寫，就只有她坐著發呆。原以為她是在構思，不去打擾她；過了廿幾分鐘了，她仍然在發呆，而且眉頭漸漸皺了起來，我便走了過去。

「怎麼還沒寫？」

「老師沒給我訂大綱，也沒給我資料！」

「王老師說妳作文造詣很好呀！為什麼要老師給妳訂大綱，給妳資料？妳看我也沒給大家訂大綱，給大家資料呀！」

「不然我就不會寫。」

「妳在王老那邊上作文，王老師也給妳訂大綱，給妳資料嗎？」

「是呀！沒有大綱和資料，我就不會寫。」

哇，老王他們補作文就是這樣補的呀！這樣學生不就被動，不會自己思考，不會自己找資料，自己動手寫了嗎？這樣的補法，對學生有什麼用處？我想她是被補壞了。

1986 年 11 月 28 日　自由日報自由港

原住民

　　碰見了老吳，我想起他那次鬧的笑話。

　　他是我以前的一名同事，省體專畢業，教體育，人長得又高又壯又黑，眼睛又大又深遂，活像一個原住民。人家說他如果進入山區，可以不必申請入山證，非無故也！他長得太像原住民了！

　　那年縣運會，我和他到籃球場看球，適逢某山地鄉和某平地鄉代表隊開賽。

　　山地鄉隊以球員只到四人為由，請求暫緩比賽。裁判指他們明明有球員五人，硬說只有四人，是藉故胡鬧，拖延比賽時間。雙方就這樣爭執起來。爭執到後來，只聽裁判很生氣地大聲數著：

　　「一、二、三、四、五，你們不是明明有五個球員嗎？這個球員怎麼不換衣服呢？」

　　剎時，全場球員和觀眾爆出大笑。

　　原來他把站在我旁邊看球的老吳也算進去，當成某山地鄉的球員了。

　　裁判被笑得不好意思，只好等某山地鄉球員到齊才開賽。

　　　　1986 年 12 月 17 日　自由日報自由港

醉死蚊子

工友老金，近六十歲了，高高瘦瘦，住在學校車棚旁，以便照看機車。他性嗜酒，每日三餐，必飲紅標米酒一瓶以上而後快。沒飯沒菜，他不會引以為意；如果沒酒，絕對不可以。

對於酒，我雖然不像他那麼沉迷；但是平日如有「機會」，有人找我「濕」一杯，我也不會拒絕。

那天傍晚，我到車棚牽機車，準備騎回家。他正和阿聰、阿亮共飲，看見我，也要我參加。

我老實不客氣地過去。

他住的地方，附近樹多，草多，屋後又有一條小水溝，是蚊子的溫床，自然蚊子不少。是傍晚時分，蚊子都跑出來活動了。阿聰、阿亮和我三個人一直手不停揮地拍打著蚊子，他卻不。好奇怪！

「他住在這裡，蚊子是他養的，怎麼會叮他？」

「目蝨（臭蟲）吃客。蚊子當然叮客人呀！」

「不是這樣啦！他三餐都喝酒，喝那麼多，血液裡

都是酒精，蚊子聞到都要醉了，怎麼敢叮他？即使叮了，也要被醉死的。」阿亮說到這裡，突然右手食指指向老金左腿。「你看！這隻傻蚊子竟然有眼不識泰山，敢叮他。我看牠馬上要醉死了。」

　　我往老金左腿看去。果然有一隻蚊子叮在那裡，聚精會神地吸著他的血；可是，沒幾秒鐘，牠竟然慢慢地鬆脫，摔落地上了。

1986 年 12 月 17 日　自由日報自由港

那年，我的眼光

張老師任教國小十年，參加甄選主任錄取了。可喜可賀！

我大學畢業，第一年教書，是在一所私立高商。那是一所很「菜」的學校，學生程度不好不用說，規矩更差，抽煙、打架、偷竊、逃學……什麼都有，課堂往往像菜市場，擾嚷不寧，上起課來，很是吃力，一堂下來，當老師的往往喉嚨近於沙啞。

沒想到有這麼一個學生，他長得稍高，身子不硬朗，腰部似乎特軟，有點風吹了就要倒的樣子。他和別的學生不同，不但不和他們結成狐朋狗黨，而且不管上課或下課時間，總是一個人靜靜地在一旁看書。

這就是一般所謂的「好學生」是吧！

當然，他的學業成績是很特出的。

有這麼一個特出學生，我對他當然特別關心。

後來，我發現他不僅讀高商的課本，而且複習初中的課程；一問才知，他要重考。「龍非池中物。」這麼

一個「好學生」，在那麼一個「菜學校」，事實上是太「屈死」人才了。我不但不反對，而且鼓勵他，好自努力，重考個好學校，由高中而大學，一步一步上去，以便發展他的才智。

他本來就有意願，並且已在做了，加上我這一鼓勵，如虎添翼，如魚得水，終於考取了台南一中和屏東師專。

這下問題來了。他父親要他讀屏東師專，他則聽我的話，「當然是讀台南一中好」！

怎麼辦？

他來找我去勸他父親。

原來他父親是在台南「失敗」，「走關西」搬到潮州的。既然「失敗」，供不起他讀高中上大學，讀屏東師專是公費，最適合！

但是我那時年輕，一直靠父母，對經濟問題未進入情況，只是一味純粹的理想主義，相當堅持讓他讀台南一中，然後上大學。

我和他父親終於形成了尖銳的對立。苦勸了好久，我最後拋下這句話走了：

「若是你讓他進屏東師專，以後我就不再到你家了。」

他終於進了屏東師專。

我終於沒有再到他家。

過了四年，我跑了三所學校，輾轉到國中任教，帶學生合唱團參加音樂比賽，才又碰見他。

他已是屏東師專五年級的學生，長壯了，不再是當年風吹要倒弱不禁風的樣子了，而且多了一項專長：國樂。他是受聘中正國中訓練國樂隊，帶這個國樂隊來參加比賽的。

又過了一年，聽說他畢業分發到恒春某國小。

又過了一年，他以國樂專長調回潮州。

我們又見面了。我住的地方和他服務的國小距離不遠，常有聯絡，而且我的孩子也變成了他的學生。

這時，大學畢業生已因人滿為患，紛紛找不到「頭路」，失業率很高，要進國中教書都相當困難，起初還有甄試，現在則幾乎沒有了。而他呢？他一個國小教師，當得相當出色，教練國樂相當有成就，更叫我驚異的是，他教練桌球和田徑，屢獲佳績。我才發現，那年，我的眼光不夠正確，看走了眼，讀高中上大學不一定比讀師專好。我那時的堅持是錯了。

願他在這條路上走得更好！

1986 年 8 月 25 日　自由日報自由港

輸在起跑線上

放春假，連週日、清明節及補假，共有五天假期，靜靜從台北回來了。

次日，消息傳到她二舅阿樹那裡，他趕忙把他的長女金燕送到家裡來。

為的是學鋼琴。她已吵了好久要學。他怕她只是一時興起，三分鐘熱度，不敢買鋼琴，請人教授，先送來試試。

靜靜去年才考上台北市立師專音樂科，現在是一年級，教她的小表妹試彈，正好！

金燕才讀幼稚園大班，小小年紀，卻聰明伶俐，尤其相當獨立。雖然沒有在我家住過，但是她背了一個小背包，內裝牙刷、毛巾和換洗內衣褲等，由她父親用摩托車載送，便從鳳山來了。在我家，她乖巧，生活獨立、正常，絲毫不因為不和父母及妹妹在一起，便哭鬧。

她沒有基礎，年紀又小。靜靜從認譜開始教，然後教她從拜爾第一冊最簡單最基礎的「肚累、肚累」彈起，

每天大約二十分鐘到半個小時，其他的時間就由她自己練。

小孩子，心智不夠成熟，蹦蹦跳跳，坐不住，是必然的。她也不例外。但是要她彈三十分鐘，休息一兩個小時，再彈三十分鐘⋯⋯她不會偷懶，只要時間到，通知她，她就照做。

靜靜九日晨北上，那天不能教了。金燕的父親八日晚來接她回去。

她學了三天，三個進度。

次日下午，金燕的父親來了電話，說靜靜如何教得好，鄰居有一女孩，比金燕小一歲，已學了一年，買了鋼琴，又花了兩萬多教練費，那天早上兩人試彈，卻彈得比金燕差，連她的鋼琴老師也這麼說，她並且自嘆教得不如靜靜，畢竟本行比外行強。

「鄰居那位女孩的鋼琴老師也這麼說。不過，她還說，人的身體是會慢慢長大的，太小的孩子要他負重是不行的；人的心智也是慢慢發展的，各有階段，太早學習不一定好。現在很多幼稚園和幼兒才藝班教孩子寫字、英語和各項才藝，其實不一定好。他們喊的口號是：不要讓孩子輸在起跑線上。有道理是有道理；但如果不配合孩子的心智發展，可能效果相反。起跑太早，孩子可能會因為能力不足，受到挫折而沒興趣、被動，甚至

懼怕學習，永遠輸在起跑線上。」

　　好個輸在起跑線上！真鮮，有道理，令人觸目驚心！

1987 年 4 月 28 日　民眾日報副刊

彈琴之外

放春假，靜靜從台北回來。

她是四日晚上七點左右回到家的。科技的發達，尤其是交通的進步，才把空間距離拉近。二十幾三十年前，我從潮州到台北或從台北回潮州，坐感覺上像牛車那麼慢的火車，要十二小時以上；現在從台北回來，下午一時出發，七時左右便到了，如果不是高速公路塞車，她表哥車子開不快，早就到家了。

五日，金燕還沒來學鋼琴，她在家裡彈了一天，幾乎沒有休息。

鄰居陳太太見了我，說話了：

「你家靜靜彈一天的琴，曉茹彈一個月都彈不了那麼多。」曉茹是鄰居一名學鋼琴的女孩，比靜靜大一歲，正就讀商職。「她媽媽常嫌她彈不好琴。其實，彈得好不好，關鍵就在這裡！」

「是妳錯愛靜靜了。」

「是真的嘛！我住在這裡，耳朵在聽，怎麼不知

道？以前你家靜靜在家裡，她每天彈，我每天聽，感覺還不那麼敏銳；從她到台北以後，好久才回來一次，她一彈起來，我感覺特別敏銳。上次寒假回來，我就很敏銳地感覺出來，你記不記得寒假時我跟你說過。」

「記得。」

「其實不僅彈琴，讀書和做事不都是一樣？」她乾脆大發起議論來了。好高騖遠沒有用，最重要的是確實動手去做。一天到晚幻想成功，卻不一點一滴去學習，去做，去累積，成功會從天上掉下來嗎？只有腳踏實地，一步一步來，才有可能達到目的地。古人說的沒錯：『百鍊成鋼！』『熟能生巧！』『高樓平地起！』『羅馬不是一天造成的！』『登高必自卑，行遠必自邇！』……」

我只有唯唯諾諾……。

1987 年 4 月 28 日　民眾日報副刊

作　保

　　「老師，讀士校，保證人不填，把表交出去可不可以？」

　　「為什麼不填？」

　　「沒有人要作我的保證人。」

　　「怎麼沒有？導師、訓導人員都是現成的，你沒找他們？」

　　「有！」

　　「他們不肯？」

　　「不肯。」

　　「鼓勵學生保送士校，成績好，他們會受獎勵的呀！」

　　「但是，他們就是不肯。」他有些抱怨的臉色。「還是導師鼓勵我去報考的呢！」

　　「什麼？哪有這樣的？」我想到了另一個問題。「你最近犯什麼過錯是不是？」

　　「沒有呀！」

　　我不便再追問下去了。這名學生，姓朱，平日是訓導處的常客，家境又不好，導師和訓導人員是最清楚了。學生讀士校，中途如果出問題，被開除什麼的，保證人要負賠償之責。這名學生平日既是訓導處的常客，家境又不好，給予保證，風險太大了。他們不予保證，是可以理解的。不過，既為導師或承辦人，鼓勵學生報考士校，成績好，還受獎，學生找不到保證人，竟然推辭不保，這種「只要青春不要痘」的做法，實在不無可議！

　　我想起，一九六七年的事。那年是我教書的第二年，因為在一所私立學校教得不理想，我已經轉到第二所學校。也是這段軍校接受保送期間，一名第一年任教的那所學校的柯姓學生來找我。是高中生，保送的是官校，沒有人敢為他作保。我很清楚，原因在他是一名訓導處的常客。我只向他說了這句話：「答應我，要下定決心，到那個新環境，重新做人，走出一條光明大道來！」便在保證人應填寫應蓋章的地方填寫蓋章了。這名學生真的變好了，後來中校退伍，現在有一個正當職業，生活得很好。

　　如果有決心，到一個新環境，能改變，重新做人，應該可以使一個人從泥沼中自拔出來，走出一條光明大道的；軍事學校尤其如此。我已見過不少這種事例。

「你爸爸讓不讓你去？」

「讓呀！」

「拿表來，我給你保！」

當他拿出表來，我在保證欄，毫不猶豫地給填了表，蓋了章。能幫助一個學生走上光明大道，我何樂不為？不過，我沒有忘記告訴他，我廿一年前告訴那位柯姓學生的話：

「答案我，要下定決心，到那個新環境，重新做人，走出一條光明大道來！」

1987 年 5 月 18 日　民眾日報副刊

以身作賊

　　這場桌球賽，我越打火氣越大。

　　「放水！輸了算了！」

　　「為什麼？」

　　「讓客人嘛！」

　　「為什麼要讓？這是比賽呀！」

　　「我們辦的比賽，我們拿冠軍，不好意思。」

　　「有什麼不好意思的？」

　　「都是我們學區的國小嘛！我們拿冠軍，他們不高興，我們招新生會受影響。國中學生是從國小來的。」

　　「有道理。但是，運動比賽，要盡力而為，公平競爭呀！」

　　「校長說的。」他想搬出校長來壓我。

　　「校長個屁！他這麼說，我就要更認真打，一定要贏！」

　　於是，我更認真地打，把對方打得七零八落。可是

本校其他隊員放水,最明顯的是,平時打起來,和我差不多的老曾,竟然只有兩局便被打垮了,而且比數很低。

可是,有用嗎?每一隊的實力都比我們差很多,打五點,最好的隊只能贏我們一點;但是他們放水的結果,我們卻每場輸,比數都是二比三。

團體球賽,不是一個人所能力挽狂瀾的。

學生問我,為什麼輸?我只能照實說。

「老師,你們平常口口聲聲教我們,運動比賽,要盡力而為,公平競爭,怎麼以身作賊?」他們把「以身作則」改說成「以身作賊」,而且故意說得特別重。

「他們是他們。我是我。我以身作則了。」

這次還好,我真的盡力而為,公平競爭,以身作則了。我可以坦然這麼說。上次被冤枉,我氣憋得太久了。

是校運時。結束前,辦一次教職員趣味競賽。項目是袋鼠跳競賽。全校教職員分成三隊,以教務處、訓導處和總務處為主幹,導師和專任教師分配進各隊,剛好每隊廿人。地點就在司令臺前跑道上,每隊前方廿五公尺處,三名學生分立著。輪到跳的教職員,套到空塑膠袋裡,雙手抓住袋緣,跳過去,繞過學生,再跳回來,然後換給另一個接下去,已賽完的跳到隊後排隊。

校長一聲槍響,競賽員爭先恐後,盡力而為,都要爭勝,跳得真像一隻隻袋鼠。有人摔倒了,立刻爬起來,

再繼續跳。精神可嘉！教職員為自己隊加油。校長、學生、家長和社會人士為大家加油。場面好不熱鬧！

我是分配在總務處隊的。因為隊員「女生」多，又有幾個摔倒過，拖了些時間，比賽到訓導處只剩一人時，我隊還有三人。我急得什麼似的。我想著，別隊全跳完了，只剩我隊在跳，尤其只剩我在跳，會是多麼尷尬的場面！

「我們跳完了，我們第一！」終於，訓導處隊跳完了。他們叫了起來。

「我們也跳完了！」沒想到，不到十秒鐘，我隊後面算來第三個跳回來，還有二個沒跳，隊長孫主任也叫起來了

我們跳完了嗎？我還沒有跳！我後面的老王也還沒有跳！好在隊伍前後相接，對方忙著比賽，沒注意到，也鬧不清是不是大家都跳完了。在這情況下，我和老王都不好提異議。

「老師，我看到你沒跳。你騙人！」事後，好些學生指責我。「你們當老師的最差勁了，平常你們總會說，運動比賽，要盡力而為，要公平競爭，你為什麼以身作賊？」

我臉上全是灰。

1987 年 6 月 27 日　民眾日報副刊

借錢的女生

「老師！」

是月考考完那天下午，我在辦公室閱卷，半途有一個人影走近我，這麼叫了一聲。我知道是那名女生。因為忙於閱卷，我沒有抬起頭，只回了一聲：

「嗯！」

「老師！」過了一會兒，又是一聲。

我抬起頭來。果然是那名女生。

她是一名國中三年級的女生，矮矮胖胖的，功課不頂好。我並沒有任她的課。她之所以接近我，是因為她喜歡文藝寫作。

她常常找我借文藝書刊，討論文藝上的問題，也常常把她寫的作品送來讓我「指教」。

我喜歡文藝，喜歡閱讀欣賞，也喜歡塗塗寫寫。這毛病已患了好久了，也患得好嚴重。以出版第一本書算起，已塗塗寫寫了廿三年，以出版的書來說，包括兩本詩集和四本散文集，也已經出版了六本書，現在所有已

發表存稿也可以出版五本以上。雖然談不上什麼成就，但是有羊在的地方總會散發出騷味來，在學校裡，喜歡文藝的學生總會知道有我這一個現成的「前輩」，找了來。有的來幾次就不來了。這大概只是一時高興而已，不會有什麼成效。有些雖然很有心，卻受升學影響，功課壓力重，維持不長久，或一日捕魚，九天曬網，也沒法維持長久。她是維持最長久的，也是最「密集」的。如果我沒記錯，她第一次來，是她國中一年級下學期剛開學不久；以後幾乎每週都來，到三年級升學問題迫在眉睫了，她仍維持不間斷。就這一點來說，她已經和別的學生不同。此外，我還發覺她特具愛心，平日言行就如此，所寫作品更如此，凡事都偏向光明的一面，往好的方面想。這是很可貴的。

「有事嗎？」

「我拜託您一件事，好不好？」

「什麼事？妳說！」

「拜託您借我一百塊，好不好？」

我原以為一定是和文藝有關的，譬如借文藝書刊或送作品讓我「指教」，沒想到她是要借一百塊。這是從來沒有過的事！

「好呀！」我說：「妳借一百塊幹什麼？」

他不說話。幾經我追問，她才說出來。「送給 XX 育

幼院。」

　　向我借一百塊去送給 XX 育幼院？我大惑不解。我追問了下去。

　　「好吧！我坦白說吧！」她還是被我逼得說出來了。「是這樣啦！我每個月省下三百塊零用錢，送去給 XX 育幼院。這個月，因為多買了一本書，我的錢不夠了。今天是要送去的日子，我馬上要給送過去，所以只好向您借。」

　　「好！妳這樣做很好！這一百塊就不用還了。」我掏出一百塊交給她。

　　「那怎麼行？那我向別人借好了。」她不接下這一百塊；直到我說借她，下次還，她才接下。

　　「報紙上常常登出善心人士捐助 XX 育幼院的事。不過，」我搜索了一下記憶。「我沒見過妳的姓名列在榜上呀！」

　　「登出姓名幹什麼？我才不是為了名捐助的。」她揚起眉。「我都跟師父說，不要讓報紙登出我的姓名；如果非登不可，就登為無名氏好了。」

　　「對！我常常看見無名氏這名字登出來。原來那就是妳呀！」

　　「其實，他也只能這樣登。我根本沒有告訴過他我的姓名呀！」

1987 年 7 月 11 日　民眾日報文化

誰救了誰

夜幕徐徐低垂而下。夜漸漸深了。

她還在湖畔徘徊，等待時機，投湖自殺。

她是今天傍時分來到這裡的。那時候，遊人真多。雖然這時正值盛夏，烈日當空，太陽大發神威，還是遊人如織，傍晚時分尤其多。這時，烈日已成夕陽，暑威減弱，天氣比較涼了，遊湖正是時候，可以送夕陽歸去，可以欣賞湖上美景及其倒影，可以漫步湖岸，讓徐徐晚風驅去暑熱和煩憂……。

可惜，她的心中有著痛徹肺俯的煩憂，徐徐晚風卻驅之不去。

她的煩憂，嚴格說來，溯源很早。人家高中只讀三年，她卻讀了四年，得多少東西，肚子裡有多少墨水，她自己心裡明白。越接近畢業期，她心裡越煩憂——煩憂把她折磨得骨瘦如柴。兩天的聯考，在揮汗中完成後，她就開始在尋求解決煩憂的方法了。離家出走？就業打工？自殺？……從那時起到接到成績通知單，廿餘

天對她是一個長長的煎熬期。她原已瘦弱的身體，被煎熬得形銷骨立。到今天，接到聯考成績通知單，她立刻離開家，輾轉來到這裡。

聯考通知單顯示，台灣的大學、學院很多，她參加及跨組的第一、二、四類組有很多學系，就是沒有一個學系會要她。

她不是讀不好書。她自小被公認「很會讀書」，也「很乖」，只是性向偏於文科——國文好，作文好，演講朗讀好；就是數理不好。國中畢業，她曾考上世新五專廣播電視科。這科是最適合她了；可是她父親卻不讓她讀，要她補習重考。結果她考上了南部最好的女中。她的興趣和性向在文科，選組時，她父親卻要她選第三類組。她父親的意思是要她當一名女醫，理由很簡單，台灣現況，醫師仍是最好的職業。因為數理不好，她讀完高二，便因為數學成績不到五十分，被留級了。此後一年，雖沒碰到什麼大阻難；但是她的實力多少，其實是不言可喻的。

接到聯考成績通知單，她自覺無顏見父母和弟弟，也無顏見其親友和同學，便立刻離開家，輾轉來到這裡。

她想投湖自殺；可是，遊人不少，她一時不能如願，只得在湖岸徘徊，等待時機。

隨著夜幕的漸漸低垂而下，夜漸漸深了，遊人漸漸

少了，她自殺的願望也漸漸接近實現階段了。

有一個男孩，也在附近徘徊。不知道他是什麼時候來的。她發覺時，已經是遊客走完，只剩他們兩個了。他低著頭，看起來有些不振作，腳步遲緩，似有心事。

她起先無心去管他；後來見他一直低著頭，徘徊不去，她注意起他來了。她想，他會不會也和她一樣，有什麼失意事，正等待時機投湖自殺？

想到這裡，她警覺到事態嚴重，拭乾了淚，快步走了上去，強自隱忍住自己的痛苦：「喂！你怎麼這麼晚了還在這裡走來走去，不回家？」

沒有得到回答。

「是不是想自殺？」

還是沒有得到回答。

他抬起了頭，以淚眼望了她一下，又低下去了。

她繼續追問：「為什麼要自殺？」

「我參加高中聯考，沒有考上，辜負了父母，沒有臉見親友和同學。」他的話是感傷的。

她的心裡一震。怎麼會和自己的情形一樣？好可憐的小男孩！如果任其殞滅，會是多麼殘忍！想著，她用手按住了他的肩膀：

「不要這樣！生命是很可貴的。你沒聽人家說『好死不如歹活』的話嗎？而且，我們是父母生的，」說到

這裡,她感覺好像在責罵自己。「自殺了就是不孝。曾子說過:『身體髮膚,受之父母,不敢毀傷,孝之始也。』你自殺了,父母會多傷心,你知道嗎?走吧!我陪你回去!振作起來,明年再考!」

　　兩個人就這樣相偕著離去。

1987 年 7 月 25 日　民眾日報副刊

我簽大家樂？

「稀客！今天是什麼風把你吹來了？請坐！」

是下午下班後，才回到家不久。蜜子在樓上，急於把還沒有裁剪好的衣服裁剪完。我在客廳看早上上班前沒看完的報紙副刊上的那篇小說。

天仁突然來訪。

他是我以前的鄰居。我教書，他經商，本來就不是很「臭味相投」，只算點頭之交，最多知道對方姓名；從搬離那裡起，因為距離遠了些，便很少見面了，他從來沒來訪過，今天卻會來訪，用天下奇聞來形容並不為過。那不是稀客是什麼？

「北風。」我半開玩笑地問他，他竟然也半開玩笑地回答我。

「有什麼指教？」

「沒有啦！只是來坐一坐。」

來坐一坐？不可能！他從沒來坐過，破天荒來坐一坐，太不可能了！莫非來問大家樂明牌吧！前些天，他

就破天荒打電來問過。他說我知道大家樂明牌號碼，要我告訴他，弄得我哭笑不得。我一再告訴他，我不知道什麼明牌，更沒有明牌號碼。他一直不相信，一直追問。鬧了好久，最後他沒辦法，只得無奈地掛掉電話。

大家樂是一陣風，從中部出發，向南吹，也向北吹，吹遍全台灣，風聲很大，幾乎家家被吹到，幾乎人人簽，人人談，好多公共工程甚至為之停工，進度不前，鎮裡和鄰居自然也都被吹到；但是我向來不簽。我認為那是一種賭博。我怎會知道什麼大家樂明牌號碼？明牌到底是什麼意思我都搞不清楚哪！

「是不是要問明牌號碼？」

「是呀！你猜得很準！」他裝出很親切很熟的樣子。「你簡直是我肚子裡的蛔蟲！」

「你不是打電話來問過嗎？」

「是呀！」

「我不是跟你說過，我不知道？」

「你別那麼神秘啦！你明明知道嘛！」他說：「不要全包。有福大家享。分一些給我嘛！」

「我真的不知道啦！」

「不要騙我！」

「我騙你幹什麼？」

「你是老師，簽大家樂，讓人家知道，對你不利，

所以你騙我。」

「亂講！」我好不高興。

「我就知道你簽，而且好幾期都簽中，你還不承認！」

我氣得講不出話來，直對著他瞪眼。

他竟然不知好歹，得寸進尺地繼續說下去：「不要全包，一個人獨佔。告訴我這期的明牌號碼，分一些給我。有福大家享嘛！我會給你吃紅的。」

我站了起來，大聲說：「你放莊重點！你瘋大家樂，不要瘋到我這裡來！……」

「你幹什麼嘛！有話好好說，生那麼大的氣幹什麼？」隨著說話聲，蜜子從樓上走了下來。她大概在樓上聽到我們的爭執聲走下來的吧！「到底是怎麼回事？」

我把經過情形告訴她。

「別亂講話！我們從來就沒有簽過大家樂。那是一種賭博行為。」

「妳也要騙人！我在明輝那裡明明看到，他每期都簽，而且好幾期都簽中，有時簽中幾千，有時簽中幾萬，最多簽中過五十萬。」

阿輝也是以前的鄰居。他經營雜貨店。當時我們常常向他買日用雜貨，和他相當熟。他是在當組頭沒錯。

「你看到他去簽了？」

「沒有。但是，看到他的姓名。」

「哪有這樣的事？」她轉身向我。「你去簽大家樂了？」

「怎麼可能？妳又不是不知道。」

她拿起電話筒，撥了阿輝家的電話。

正好是他接。

原來是他冒用我的姓名簽的。他千抱歉萬抱歉地說，以後保證不再用我的姓名簽了。為了取信，使我們安心，他特別說明，從下期起，不再用姓名了，只用代號，簽單也用化名。不是專為我而改，是逃避警方的搜捕。

1987 年 12 月 24 日　台灣時報副刊

年輕與財富

　　聽到他要來，他們雀躍萬分。

　　這是一所學校的排球隊。學校經費有限，長期接受他的支助。他是一名大企業家，很有錢。就是因為有他不斷的經濟支援，他們的艱苦磨練才能開花結果——每每在南爭北討中奪魁，令他們心生感激。可是他很忙，很難抽出時間到學校來。只要他到學校來，一筆給他們打氣的經費便從他的手中交給球隊。他們自然很希望，很高興，很歡迎。

　　「很佩服他這麼有錢。」

　　「很感謝他給我們這麼多金錢上的支助，讓我們的球隊不斷地在南爭北討中獲勝。」

　　「不知道他是怎麼賺的？怎麼會那麼有錢？」

　　「能像他那麼有錢多好！」

　　「我希望我將來也能像他那麼有錢！」

　　他進學校以後，便聽到他們有意無意中說的這些話，也接觸到他們羨慕的眼光。——其實，他以前來時

也接觸到過這樣的眼光，只是沒有這次這麼令他明顯察覺。這次他還聽到他們把話說出來了。「從你們的眼中和談話中，我知道你們羨慕我的財富。」後來，他向他們說：「其實，錢財生不帶來，死不帶去。沒什麼大不了，你們的年輕，健康，有活力，有時間運動，才叫我羨慕呢！」

1990 年 11 月 24 日台灣立報文藝薈萃

他能受感動？

開學了。班上除了丁文昌，全部到齊。

我於去年介聘到新莊國中。開學的第二個星期六，第四節開完班會，我走進辦公室，丁文昌隨後走進來，向我借了二百塊。理由是他父母出外旅遊，留給他和他弟弟用的錢被他弄丟了。我不疑有他，掏錢如數給他。

次週星期一，他竟沒到校。那天忙了些，我沒時間去注意；沒想到次日一早，他父親竟然到教室裡，為他還錢給同學。我進教室時，他父親拿著錢，依次還給圍著的幾名班上學生。

原來他喜歡打電動玩具；可是每打必輸。他不甘心，想贏回錢，便向同學借。積欠多了，久了，還不了，債主逼債，他便翹課，逃家，他父親便去給找回來，為他還錢。他這次便是從上星期六向我借兩百塊後逃家的。這事，其實是抄老劇本來演的。他從國小六年級起便約兩週演一次，是標準的老戲，我卻因剛到沒多久，這時才有幸大開眼界。

　　我把他訓了一頓，講了好些道理開導他，希望他好好改正。他唯唯諾諾，一副唯命是從的樣子。我很感安慰。

　　可是沒用，他照演不誤。時間都是星期六到次週星期二之間。他父母和我被攪得昏頭轉向。我們軟硬兼施，用盡了方法，就是改變不了他。

　　俗云：「有其父必有其子。」又云：「虎父無犬子。」我懷疑他父母是否有什麼問題。可是，他父母有正當職業，看來忠厚，行為標準，嚴正教訓他。尤其我到他家好幾次，他家房子佈置得整潔，窗明几淨。更少見的是，夫妻兩人都吃齋唸佛，非常虔誠……。

　　有那麼好的父母，為什麼孩子會那樣？我想到的是環境。他家附近太多電動玩具店，他的四周圍太多「臭味相投」的同學朋友。於是，我在上學期向他父母提出建議，轉到別校，換個環境。

　　沒想到，他父母一口應和，並且即刻行動，房子賣掉，工作辭去，把孩子轉出，搬回他的故鄉豐原。

　　他父母這舉動，很令我感動。我希望他也能受感動，趁那一次轉換環境，改正自己的毛病，重新做起，成為一個好孩子。只是他一走後，迄無消息，未知是否如我所願？

　　　　　　　　　19991 年 6 月 11 日　台灣新生報副刊

見招拆招

　　自從大學聯考結束後，家裡便常接到補習班打給老么惠惠的電話。打來電話的人男女都有，補習班也不止一個，起先明說是補習班打來的，要輔導考夜大；經答以不考夜大，人旅行在外，對方仍然不相信，不死心，以各種迂迴戰術來試探，套口供，譬如藉口某基金會要調查考夜大人數，也有說是她的同學要找她引誘她來聽電話的，不一而足。相信很多今年有子女高中畢業的家庭都受過這種「騷擾」。依據過去經驗，接下來將有更多補習班發動招生爭奪戰攻勢，範圍也將擴及國中畢業生，並且在不久的將來，除電話外，將增加許多製造垃圾的「紙彈攻勢」。

　　人家做生意，拉學生，這原來沒有什麼可厚非的；只是我們平靜生活卻被擾亂了，自然心裡有氣。可是氣又有何用？只好「兵來將擋，水來土掩」，盡量設法應付。

　　那晚，我連續接了五次這種電話，由語音聽起來，其中一個還是同一個補習班同一個人打來的，心裡很

煩，不免有牢騷。

惠惠聽了說：「這有什麼好氣的？補習班有補習班的生意經，我們見招拆招就是了嘛！像今天上午，你們都不在，補習班打來電話，我接了，告訴他人不在。他又不認得我，更辦不出我的聲音，便應付過去了。」

引得大家大笑，都說她不愧是我們家的小精靈。

這令我想起了陪她參加大學聯考時聽到的怪事：在休息處，有一名家長告訴另一名家長，說他的孩子要是考上台大，要向補習班兜售，賺他個萬把塊。另一名家長稱讚他，這是個好主意。我向大家說，像這種沒在補習班補習，賣名給補習班做宣傳的事，豈不是大笑話？怎麼生意搶成這樣？

「這有什麼好笑的？我同學說的才好笑呢！她說她哥哥前年考上時，有一天走進補習班質問，他沒在那裡補習，怎麼可以把他的姓名列在他們的紅榜上做宣傳？結果補習班趕快拿錢打發他走。」

我們更是驚詫不置。

「其實，他老早向補習班拿過錢賣了名了；可是他到補習班當眾那麼一吵，補習班老闆只好趕快拿錢打發他走了。」

「哇！高招！」

「補習班也是啞巴吃黃蓮，有苦沒處說。不過，反正是，一個願打，一個願挨就是了。」

1991 年 7 月 17 日　台灣新生報副刊

痛在心裡

「老師好！」

這幾天忙了些，學生的作簿稍受積壓，我特地在降旗後留下來批改，以便消化一下。正「埋頭苦改」之際，突然聽到這熟悉的話聲，我抬起頭來看。

是尤武雄，一身牛仔衣褲，取了一個塑膠包包。他是今年六月底才畢業的學生，雖然學業成績不好，他家長卻要他升學，被編在我帶的班上。學業成績不好還不要緊，他的規矩才是大問題。抽煙、打架、向同學勒索、上課偷看漫畫或武俠小說甚至黃色書刊……尤其是帶頭吵鬧、起鬨，引發班上的不穩定氣氛，破壞全班的讀書風氣。我常設法予以阻止。勸阻無效，我甚至對他打罵；但是，他仍然舊習不改。

當然，他是不可能考上好學校的；沒辦法，只好去讀到處找不到學生的私立 XX 工商。

「老師還沒回家？」

「是呀！今天什麼風把你吹來了？」

「哪有什麼風？」

「有什麼貴事？大家都走了呀！」

「我是來報仇的。」他突然從包包裡抽出了一支武士刀。

找我報仇？因為他在學校的時候，我管教他管教得太嚴？……我有點緊張，在私下裡作了防禦的準備。

「你發現校園裡有一棵樹被砍斷了樹枝沒有？」

「有。以前你們班教室後那一棵。難道是你砍的？」

「是呀！昨天下午我帶了這支武士刀，你們都走了，我只好砍樹。」

「那是什麼意思？」

「如果被我碰到，他就像那棵樹。」

「砍了？」我稍為放心了。他不是來找我報仇的。

「殺了！」

「他？誰？」

「曾老師。」

當年任我班課的老師只有一位姓曾。是誰？我自然知道。他是教國文的。

「為什麼要殺他？」

「我在學校的時候，他對我太刻薄了。」

「怎麼樣？他處罰你？照說，那時候是我對你最兇的呀！你為什麼不殺我，要殺他？」

　　「你處罰得有道理，再怎麼樣，我都不計較；他處罰得沒道理，而且是用諷刺的，對我傷害最大，叫我永遠痛在心裡，忘不了。」

1991 年 11 月 4 日　民眾日報鄉土文化

孝　子

　　她在校門口等她媽媽送午飯來，時而站立下來，時而漫移著腳步……。

　　從第四節開始，她的肚子便不住地「大腸告小腸」，咕嚕咕嚕叫了。等第四節一下課，她便急忙跑到校門口，等她媽媽送來的午飯。本來就是嘛，國中二年級的學生，正是發育最快的時候，容易餓呀！

　　時間一秒一分地溜過去，都已經溜過去十分鐘了，她媽媽仍然沒把午飯送到。她的衣服已經有些汗濕，心中已經有點焦急了。

　　「給囝子（孩子）送飯？」

　　「是呀！」

　　「真是孝子！」

　　「龜不要笑鱉無尾！妳也相像（一樣）。」

　　「時代不同了。咱們永遠在做孝子，以前是做孝順爸媽的囝子，現在是孝順囝子。」

　　這是剛才送午飯給孩子的家長互相開的玩笑。她聽

在耳裡，想在心裡，相當感動。她現在雖然焦急，心中仍然不敢存責怪她媽媽的心。可是看見等送飯的同學，等到了午飯，一個個露出滿足的微笑，走回教室去，仍然不免更加焦急不耐……。

學校規定，學生中午不可回家吃午飯，午飯只能在學校吃。原因不外是交通問題、秩序問題，並且怕學生趕不回來午睡，下午上課沒精神。至於午飯，是由學生自帶便當？由家長送？則聽任學生自行決定，不予強制規定。這大概是現在各國中的普遍情況。

她是由她媽媽送飯的。主要是她家距離學校近，來回十幾分鐘，送飯可以吃到才煮不久的熱食和新鮮的菜色，而且可以吃到她母親親自煮的，除合於她的胃口外，尤其有親情的香味。她父親在相當遠的地方上班，不能送，她媽媽不上班，便由她送。

送飯很講求時間，要配合得恰到好處。如果時間沒有配合好，就沒法和別的同學一起吃了，冬冷、風雨和夏天更是麻煩。像現在就是了，她已被曬得「香汗」直流，衣服有些汗濕，午飯還沒送到，真令她焦急萬分，很難忍受。為什麼還沒送到？忘了？停電了？機車發不動了？出車禍了？……

「媽！妳怎麼現在才來？」她突然聽到左前方傳來一名男生的話聲，頗具抱怨的。

　　她抬起頭來，只見一名女士滿頭大汗地提著一個手提袋，從停穩的腳踏車那邊，走向一名拉長著臉翹高嘴唇的男生。

　　「機車壞了啦。我換騎腳踏車來，所以慢了。對不起！」她邊說邊指向腳踏車，滿身是汗，全身衣服濕透，還不住喘氣，使她說話有些困頓。

　　「妳是存心要餓死我，是不是？」

　　「不要這樣講！對不起啦！」

　　「我不吃算了！」他拒絕去接他母親遞給他的手提袋。

　　「對不起！要吃啦！乖！拿去！……」他媽媽賠著小心。

　　「不要吃了！現在是什麼時陣了？人家同學都吃飽了，只剩我一個，我怎麼吃？」他突然搶過手提袋，高舉起來，猛力往地上摜下去，跑進學校。

　　他母親楞住了。

　　在旁邊觀看的她也楞住了。

　　難道孝子的意義已經像剛才那些家長所說的，由孝順父母的孩子變成孝順孩子了？她疑惑不解了。

　　適巧她媽媽送到了午飯。她特別向媽媽說了一聲「謝謝」，才提了午飯向教室走去，心中的疑團仍未解開……。

1989 年 4 月 29 日　太平洋日報文藝春秋

愛他？還是害他？

「林喜文被警察抓走了。」

是上午第一節課到將近一半的時候，顏老師從外面走進辦公室，給大帶來了這一個消息。

「啊！」幾位沒課還待在辦公室的老師同時抬起頭來。

「你怎麼知道？」有人提出這疑問。

「報紙登的。我才在圖書館看到的。」

「怎麼樣？他為什麼被警察抓走？」

「準是做壞事。」黃老師搶著回答。

「沒錯！他拿改造的手槍向人勒索，賊星該敗，正好被巡邏的警察碰到。」

「活該！罪有應得！」好幾位老師同時說：「誰叫他那麼壞？」

說話的老師，大概都是以前教過他，被他搗過蛋，為他頭痛過的吧！雖然他已經畢業一年多，他們仍然記憶猶新，憤憤難平。

　　於是，他們你一言我一語地數落起他，咒罵起他來了。

　　其實，何止他們？幾乎全校教職員都是。他在校時就是非常出名的壞蛋，訓導處的常客。教過他課的老師，幾乎沒有不被搗過蛋，為他頭痛過的。有些教過他課的老師，甚至常常被他氣得哭回辦公室。其他的教職員，有親身嚐受的，有親眼目睹的，有耳邊風聞的，都知道他「罪大惡極」，避之唯恐不及，到他升上三年級時，暑假裡便已經有部分教師預先向教務處打招呼，拜託不要排他所在班級的課，以免被搗蛋，惹麻煩。

　　我印象最深的是，有一次，上他班的課，問問題，全班沒有人自動舉手回答。我抽座號，正好抽到他。他站了起來，一聲都不吭。我一直重複那個問題，一邊問一邊走向他。待我走到他那裡，他才回說：「我不會。」

　　「不會，我今天一定要教到你會。」

　　沒想到，我這話才講完，說時遲，那時快，他一下往後門跑，一溜煙跑出教室了。我立刻追了出去。雖然事情發生得太突然，其他老師和校門口的警衛一時來不及反應，我很有自信可以把他追回來。他那時才國中二年級的學生，個子又不高，臉色蒼黃，不很健康。可是他跑到校門口不遠，便鑽進人家的果園。我只好放棄了。

　　我把這件事再次講出來，在場的老師都同聲嘆氣，

咒罵他。

「王老師才冤枉呢！」林老師接著說：「你們記不記得那次，他沒交作業，王老師拿小棍子打了他三下手心，他竟跑回家，捏造事實，說王老師拿大木棒揍他。他父親喝得醉醺醺的，藉著酒勢，到學校打王老師？」

「是呀！太不講理了！」

「王老師那時也是剛來，不知道，才會去管他；不然，誰去管他？」

「就是嘛！」

「不是我們不管，是家長的關係，我們不能管。家長不給他作靠山，和學校合作，他怎麼會這樣？」

「對！就是這樣！幾乎各學校所有有問題的學生，家長都多多少少有問題。」

「其實，他不是國中才這樣的，從國小就開始了。」當過他導師的原老師說：「他家長總是什麼都護著他。他原來就讀的××國小，後來轉××國小，才在那裡讀畢業，你們知道為什麼嗎？」

「為什麼？」

「因為他五年級的時候，有一次抽煙，被老師責罵，就跑回家了。不久，他父親就來了，說抽煙沒什麼不可以，和老師大吵一架，然後把孩子轉走。」

「這樣，我們當老師的怎麼教他？他有父母好靠

呀！」

「所以他才會有今天！學校教得再好，如果家庭不配合，是沒法把孩子教好的。」

「俗語說：『種瓜得瓜，種豆得豆。』他今天的後果，只好由他的家長自負了。」

「這種家長真是不可理喻。他到底是愛他？還是害他？道理很明顯；但是，就偏偏有那樣的家長，我們又能奈何？」

1989 年 5 月 19 日太平洋日報文藝春秋

怎麼辦

　　一知道自己調任某國中校長，王印高興得什麼似的。他高興的，不是為了那所國中大，那所國中好，那所國中近市區。其實，它和現在他任校長的國中一樣是鄉區小型國中。他為的是整尹元勳，向他復仇的機會到了。尹元勳正在那所國中擔任教務主任。去上任以後，他便可以開始整他。整他的方法，他決定，予以換掉。他為此而高興，高興得連晚上睡覺都臉上滿是微笑。

　　他對尹元勳本來並沒有什麼熟識，只聽過他的姓名而已；但是，後來發生了一件事，給他帶來了極大的打擊，永生難忘的仇恨。

　　那是民國六十一年七月下旬的事。那時，他正在某國中當校長。第二屆國中畢業生參加升學考試了。高中是第一梯次放榜。他的國中畢業生考得奇差。地方人士反應很激烈。某報刊出了這事，說該校是全縣考得最差的，只贏了尹元勳當教務主任的那所國中。第三天該報卻刊出特別以尹元勳等為名的更正消息，否認該報的報

導，說該國中畢業生升學高中成績極佳。

自此，他記住了他——尹元勳。

自此，他走上了坎坷路。

他的學校，本來就辦得不好；自此以後，更差。家長不時傳來異聲。好學生越區到明星學校或私立學校就讀。學生功課拉不起來，違規事件日增，升學成績自然可以想像得到是不好的。惡性循環像滾雪球，越滾越大，不，越滾越差。他和學區家長的關係自然也是越差，最後家長請願到縣政府，縣政府把他「貶」到一所更偏遠的小型國中。到那所更偏遠的小型國中，他更無能為力，辦得更不好，和家長的對立更尖銳，學生越區就讀到明星學校或私立學校就讀的情形更嚴重，更麻煩的是教師間形成了派系，他捲在其中，只有大部分行政人員表面上站在他這邊，但那畢竟是少數，部分行政人員及絕大部分教師則形成大多數，都和他作對……。

再調到另一所國中，他的情形還是一樣。

他把這一切都歸因於尹元勳。他認為是尹元勳觸了他的霉頭，給他帶來噩運的。沒有尹元勳在報上那一更正，他的命運不會那麼差，他也不會到哪所學校，哪所學校就壞下去。雖然有人告訴他，那時尹元勳是該校教務主任，校長正好不在，老師們看到報紙，大家起鬨，憤憤不平，尹元勳才不得已和老師們一起前往找記者，

要求更正；但是，他就是記恨在心。他說尹元勳，諧音隱元兇，正是他隱隱之中的元兇。他一直希望有一天能調到尹元勳服務的學校當校長，整他，向他報一箭之仇……。

「他有地方人士作後台，又和各報記者很熟，你少惹他！」

交接後，他打聽尹元勳的背景，原任校長在述說以後，這麼警告他，令他很驚心；但他還是想出辦法來了。他去接任是學期中，不好換，只好等到學期結束。他一直不動聲色，暗中找好接替人選胡明義，由胡明義暗中做好安排。在學期結束的校務會議上，他拿出事先制訂好的績效評分表，由全體教職員給行政人員打分數。他相信憑替代人選胡明義安排的一些人給尹元勳打零分，必定可讓尹元勳成為行政人員績效最後一名，然後他便可以順理成章地予以換掉，即使有地方人士和各報記者的壓力，他也不怕。

他很有把握，當場統計分數。

很出意料之外，大家評分的結果，尹元勳竟然不是最後一名，而是後面算來第五名。

這下他傻了，不知怎麼辦才好。

1989 年 7 月 18 日太平洋日報文藝春秋

臉紅時候

　　我天生血壓低，脈搏跳動慢，抵抗力弱，體力和精神比較難持久，容易疲倦，從小當學生，即使很有心聽課，仍很少有整節課不打瞌睡的，自己看書，即使再欣賞，再有趣的書，也很少超過半小時而不打瞌睡。為此，我從小便養成了隨時能入睡，隨時能醒覺的習慣。我睡過去，說什麼時候醒來就什麼時候醒來，幾乎萬無一失。可是，今天卻失靈了。這是很奇怪的現象，尤其在夏天本來就會更早起，卻有這現象，更不應該。

　　我家惠惠在台北讀高中，放暑假回來，明天返校，今天要北上。車票已經買好，搭的是今天早上六點廿三分潮州開的普通車，好趕得及到高雄轉搭七點四十分開的復興號快車。昨天晚上就說好，我今天一早起來喊她，好準時趕搭得上。一向家人外出或趕時間，也都是由我扮演這個鬧鐘的角色。沒想到今早醒來，我一看手錶，已是六點十五分，從我家到火車站，通常都是騎機車，約需五分鐘，顯然時間很是急迫。我立刻喊起惠惠，

讓她快速盥洗，早餐要在車上自己想辦法，急忙用機車載她前往。

一路上，我在心中嘀咕著：為什麼今天不能準時起床，扮演好我一向扮演的鬧鐘角色？昨天晚上我仍和平常一樣，十時過後就準時上床，睡得好好的呀！尤其現在是夏天，早上六點太陽都已經出來了嘛！太奇怪了！

更奇怪的是，從我家到火車站，如果過民治橋就左轉到點心城右轉信義路到火車站，只有兩個紅綠燈，卻偏偏「急驚風碰到慢郎中」，兩個地方都碰到紅燈。碰到紅燈都要停，急煞我也！真是「禍不單行」！在這人世間，我竟然會碰到這麼奇怪，這麼倒楣的事！

在過民治橋要左轉向點心城時，我已經看見左面約三百公尺地方的鐵橋上，北上的火車已經轟隆轟隆地開過去，就要進站了。我心中驚喊：「不妙！要趕不及了。」不管紅燈在前，不管是否有交通警察，多少雙眼睛看著或發生車禍，我硬闖而過，加速而行。

到火車站，只見北上火車已進站，正在那裡大口小口地喘氣，大部分乘客已經上車。好在今天大概是許多學校的返校日吧，站上有不少高中學生，耽擱了些時間，火車沒立刻開，不然開車時間已過了，不送火車才怪！

機車一停，我們急速趕向剪票口。

當惠惠的車票讓剪票員剪過，我護送她前跑，站長

大概沒注意到我們,已經按下開車鈴。

「別走地下道了!會趕不及的。我們從這邊跨軌道過去吧!」我急得什麼似的,顧不得走地下道較安全,跨越軌道危險,衝著惠惠直喊。

她聽到我喊,立刻把衝向地下道的身子剎住,轉身,從這邊月台跳下去,橫過兩條鐵軌,又爬上第二月台,衝向已經緩緩開動的火車。

我跟在她後面,也是急跑跟上。

「老師早!」

在我爬上第二月台的剎那,彷彿有個似曾相識的聲音傳了過來,但是太匆忙了,我根本無心去留意。

「老師送女兒去哪裡?」

待我和惠惠揮別,慶幸她終於搭上火車,順利上路,氣喘著回頭,又聽到那似曾相識的聲音。

原來是一名以前教過的學生,現在正在潮州某高中就讀。是學校派他來火車站站崗,維持學生上下車秩序的。

我的臉頓時紅了起來,羞紅得賽過東方天邊的紅色朝霞;因我看到他身上穿的衣服披掛有兩行粗大的醒目標語:

請走地下道

請勿跨越軌道

1989 年 8 月 8 日太平洋日報文藝春秋

老師，再見

當被帶進房間，抬頭一看，她突然楞住了，一時只感到手足無措，不知如何是好。

「那不是謝老師嗎？他怎麼會到這裡來，做這種事？而且找的是我？」她在心裡自忖著：「他會不會認出我來？如果被認出來，可不好了。」

謝老師身高約有一百八十五公分，體重則僅五十公斤，太高太瘦了，臉色總是黃黃的，加上腰有些細細的，長長的，走起路來很讓人擔心他會突然腰折，很讓人有大風一來便被吹走的感覺。她國三那年，她班就是他當的導師。他教的是數學。雖然他教起書來常常讓她們原住民學生如丈二和尚，摸不著腦袋，像走在雲裡霧裡，辨不清方向；但是，卻喜歡講道理。她講起道理來，頭頭是道，義正詞嚴，正氣凜然，讓她們聽得五體投地，心服口服。這時便是她們最喜歡上他的課的時候。大概知道她們原住民的風氣，有些人比較不重視貞操觀念，加上比較貧困，往往有少女被賣到色情場所賺錢；他特

別常常利用機會，向她們灌輸貞操觀念，要她們無論如何不能隨便出賣貞操，說將來萬一有一天碰到了，要聽他的話，那種行為是非常可恥的。只是，他常常會盯著她們看，有時看得她們羞紅著臉，低下頭，他才像自我調侃地說：「妳們原住民女孩子一個個眼睛真是漂亮，亮得令人不敢逼視，卻又深得叫人要沉溺進去，死而無憾。也因此，讓我很難分辨出妳們誰是誰來。」

大概就是因為她們的眼睛長得很相似，他那時就很難分辨出誰是誰來吧！她擔心她被認出來也變成瞎操心了。不是嗎？你聽，他說話了：

「過來嘛！怕什麼？」

大概是見她手足無措，遲疑不前吧！其實，這也是他當她們導師時最常對她們發的命令。

她羞怯地慢慢把身子挪移過去……。

「快過來嘛！怕什麼？」這一次，他多加了一個「快」字，也是他當她們導師有事要她們過去時常說的；然後用右手一把把她拉坐在床沿。「妳們原住民女孩子一個個眼睛真漂亮，亮得令人不敢逼視，卻又深得叫人要沉溺進去，死而無憾。」

一邊說話，他一邊寬衣解帶，並且接著向她身上動起手來……。

很不幸地，她被他當年的話說中了。她成了一個最

不聽他的話最沒有記住他的話的學生。不過，她之會到
這旅館來當應召女郎，並不是她沒有貞操觀念，自願來
的。她有她的苦衷。她父親得了被稱為絕症的肝癌，正
躺在醫院裡，為了解決她父親不工作沒賺錢後的家庭生
活問題，為了賺錢來應付她父親躺在醫院裡所消耗掉的
龐大醫藥費，她才被迫出此下策，離鄉背井「下海」的。
可是，她就是一千個一萬個想不通，為什麼她們敬愛的
謝老師，當年說得頭頭是道，義正詞嚴，正氣凜然，今
天會來這裡做這種事？難道當年他所說的，都是虛偽
的，騙人的？他是雙面人，具有雙重人格？……

　　終於，在一陣強烈的震盪狂風暴雨後，一切復歸於
風平浪靜……。

　　「老師，再見！」

　　當退出那房間，關上房門時，她原本要這麼說的，
和當年她每次放學回家碰見他以及畢業典禮後要回家
時一樣，只是為了避免他的尷尬，她沒有說出口；但是，
她敢打賭，和誰都可以，打賭什麼都可以，她不是沒有
禮貌，不和老師道再見，她在心裡這麼說了，而且說了
一百遍一千遍一萬遍……。

　　　　1989 年 8 月 29 日太平洋日報文藝春秋

迴　響

　　「這下怎麼辦？」他太太把被倒會的消息告訴他後，拋給了他這一個難題。

　　他又能如何？他不是有錢人。他在這所自己當校長的學校設置獎學金，只是想鼓勵學生努力學習，奮發向上，並希望能藉此作拋磚引玉，以引發更多有錢人來設置獎學金；不然，他何苦設置？如果每一個當校長的都在他自己的學校設置獎學金，那還得了？可是，現在他想儲存起來發獎學金的會卻被倒了，他要拿什麼去發？

　　「取消獎學金，不發算了。」他太太見他不說話，提了這個建議。

　　「怎麼行？辦法都已經公布出去了。君子一言既出，駟馬難追！」

　　「儲存來發獎學金的會被倒掉，沒錢發了嘛！人家會諒解的。」

　　「不能這樣做。人無信不立。我們怎麼能夠不講信

用？」

「這不是講不講信用的問題。泥菩薩過江，自身都難保了，打腫臉充胖子幹什麼？」

「不能這樣做就是不能這樣做！」他再也不講什麼理由了，只是這麼堅決地表示著。

參加校長甄試及格，經過儲訓，他被派到這所他太太娘家附近的偏遠學校。因為他太太娘家在這附近，資訊獲得容易，他早已知道這所學校的學生，由於學校偏遠，家境不富有，家長不注重子女課業，文化刺激少，文化不利兒童多，較富有較有程度的學生已越區流出，以致讀書風氣不佳，學習不力，學生程度差。他使出了各種方法，發揮愛心，大力倡導；但是一個學期下來，他發覺功效不大，為進一步予以鼓勵，使學生努力學習，奮發向上，他想出了自己設置獎學金的辦法，在他太太全力配合支持下，向大家宣布。——當然，另一方面還想藉以拋磚引玉，引發有錢人跟隨他設置，帶動學校讀書風氣。

他不是有錢人。一名校長，每個月薪水多少，用一句現在流行的話來說，是很「透明」的，誰不知道？他家日常生活開支而外，又有一兒一女在讀大學，一女在讀高中，花費相當可觀，所剩就寥寥無幾了，還想拿出來設置獎學金，談何容易？於是，他和太太商量，把她

在村子裡搭的唯一一個會,預定下次開會時標下來,存進銀行作基金;萬萬沒想到,標會日期未到,會頭已經倒閉,捲舖蓋走了。

「不能這樣做,那要怎麼辦,我們不能去偷,去搶,難道要綁緊肚子,把錢省下來發獎學金?」

「天無絕人之路。想想看有沒有別的辦法。妳別急嘛!」

「還有什麼辦法好想?」

他只是沉默不答,彷彿要從腦海裡找出什麼好辦法。

「我看這樣好了。現在急了,先借錢來發,等以後再想辦法。」

「不好吧?」

「說出去的話,是不好收回來的。人無信不立!獎學金一定要發,非發不可!」

她沒話說了。

他們就這麼決定,這麼做了。

消息不脛而走,傳了出去,經過大眾媒體一報導,一時相當轟動,各地響應非常熱烈,許多人紛紛慷慨解囊,捐款充作他設置獎學金的基金,另外還有三個人以自己的名義在該校獨自設立了獎學金。

1989 年 10 月 2 日太平洋報文化

老榕和曇花

　　隨著幾家地下投資公司的相繼倒閉，村子裡把錢放在地下投資公司放得最多的阿文越來越成為新聞人物了。

　　其實，他這些年來早已轟動全村內外，成為新聞人物了。他把錢放在地下投資公司，從那裡得到好多利息，「賺」了很多錢，成為村子裡數一數二的有錢人。這就是他成為新聞人物的原因。

　　他原來並不是一個有錢人。當地下投資公司初出現時，他仗著一身是膽，向銀行借了二百萬，放進去，大約兩年，便賺回了一個資本額。為此，他很高興，更有信心，把祖產約兩分地賣了，連原來向銀行借的本錢及賺到的利息，全部放進另一家地下投資公司。就這樣，他由最初四分利息的一家轉放到六分利息的，轉放到七分利息的、八分利息的、九分利息的、十分利息的、十一分利息的，再轉放到十二分利息的，幾乎相當順利，沒有差錯，「賺」得眉開眼笑；到今年初，據傳他已有

近億財產,成為村子裡數一數二的有錢人,一時轟動全村內外。可是沒有想到,銀行法通過後,政府取締地下投資公司,地下投資公司接二連三地倒閉,他放的錢幾乎全被倒了。他更成了新聞人物,轟動得更厲害,只是由好那一方面的轟動變成壞那一方面的轟動就是了。

俗云:「台灣錢淹腳目(踝)。」顯然台灣的錢不少,只要肯動腦筋,肯工作,人人有錢好賺,生活無虞匱乏。可惜有些人太過投機,或者賺了錢以後一副暴發戶德行,窮奢極侈,或沉迷投機夢中而不知醒覺,不知自我滿足,適可而止,煞住腳步,卻愈陷愈深,以致再嚐失敗的苦果,台諺所謂「菜蟲吃菜菜下死」,或許就是了。只有能夠守成不移,持志有恆的,那才真正安享成果。回首這幾十年來的村中人事,歷歷可數,斑斑可考。

村子裡最早「發達」,以經濟嶄露頭角的,依次是種香蕉的,接著是養鰻魚的、種蓮霧的、種檳榔的、炒房地產的、做股票的、放地下投資公司的……風起雲湧,一波接一波,一陣又一陣,一時引來眾村人羨慕的眼光,稱讚的口詞;但是,到現在呢?他們幾乎都已經隨著一波波風潮,成了過去,沒落了。正是潮起潮落,倏起倏滅,所謂「眼看他起高樓,眼看他樓塌了」。

「沒菜(可惜)他自小漢就彼等會讀冊(書),讀彼等高(指學歷高),到現在還是一個窮教授,人起(建

造）」大厝，住大樓，吃好，穿好，他住著草厝仔，領彼一點兒薪水，過月俸的生活，也要飼某（養太太），也要飼子，彼等艱苦……。」

他是何明，是村子裡自小書讀得最好的，從小學而中學而大學都是同儕中的佼佼者。村子裡其他人學歷最高的只讀到高中。沒有人比得上他。他一讀完大學，便被留下來當助教，然後講師、副教授、教授，以至而今。當然，在其間，他也去進修，修到碩士、博士。學術地位或許高，但經濟上則難於和人家比，到現在老家的房子仍未翻修，住公家宿舍，除過年一定回鄉換貼一次門聯，和親人相聚，很少回鄉，而且儘管門聯怎麼換，橫聯總是不變，年年是「萬物靜觀皆自得」七個大字。鄉下人大家重經濟，重物質，怎麼會重學術？村子裡每有一波暴發戶出現，村人們茶餘飯後便議論紛紛，拿他和他們相比，對他多所調侃、批評，大有讀書無用的架勢。

但是，讀書是否果真無用？他不汲汲於金錢，不在經濟上鑽營、投機，成為一波波暴發戶之一，是否就應該成為被調侃、批評的對象？

「還是阿明有定力。人家怎麼投機、賺錢，他都不動心，隨人家去投機、賺錢，像一欉（棵）老榕。現在彼些投機、賺錢的暴發戶，一個一個倒了，他不但和平時相像老步定（堅定不移），而且更顯出他的優點來。

人，要到這時陣才看會（得）出真面目。還是讀冊好！」

現在村子裡的眾人們反而稱讚起何明來了。難怪，事實擺在眼前嘛！大家一看便知，只要一比較，不稱讚也不行。

果然阿明是一棵老榕，不豔光四射，光輝炫人，只是堅定不移，持志有恆。那麼，那些風光一時便沒落下去的暴發戶呢？她們應說是曇花吧！

1989 年　月　日太平洋日報文化

啊，原來是這樣

又快要舞蹈比賽了。學校正在忙著給學生練舞，以應這一比賽。

這令我想起了那一次的那一件事。

蜜子學的是裁縫和電繡，曾在台南東洋縫紉補習班任教過，和我結婚後，便「嫁雞隨雞」，不再去那邊任教，而在家裡自己做，有時也收些學徒。她平日做的是裁縫和電繡工作，舉凡一般衣服、圍兜、舞衣、童軍裝、隊旗、運動服裝和這些衣服的電繡和配件，她都做，一天到晚，忙得不可開交。

那年的十一月，xx國中來訂舞衣。該校要參加全縣舞蹈比賽。是該校請的教舞老師丁老師來訂的。她常常到處教舞，需要做舞衣便來訂。蜜子給該校做舞衣則是第一次，以前和該校沒有過什麼交往。

她去量了尺寸回來後說：「怎麼這麼奇怪？負責的老師都不講話，好像不理不睬我的樣子，問了也不很情願回答，好像有什麼問題。」

「真的？」

「當然。好在三個負責的老師，鄞老師是熟識的，不然真會尷尬死了。」

「幾套？」

「七十二套。」

「有沒有說什麼時候做好交貨？」

「沒有。說舞蹈比賽日期縣府還沒通知，不很確定。接到通知以後再告訴我。」

「既然這樣，也不必太急。」

「是呀！」

說的不必太急，但七十二套不是說做一下子就可以做好的，也需事先準備一下才對。她還是先計算所需布料的數量，把布買回來了。

日子一天天過去，迄無消息，不知何時舞蹈比賽。追問了好幾次，對方總是回答沒有接到通知。等了大約一週，蜜子怕到時趕不及，開始做了。

沒想到第二天，三個負責老師之一的王老師來了。

「下禮拜二比賽。這個禮拜五排定預演。衣服一定要趕預演穿。」

這天是禮拜二，禮拜五預演要穿，只有不到三天時間，衣服卻只裁剪一半些，還要車，鑲邊，加亮片，後續工作不少，趕得及嗎？

「趕不及也要趕。反正禮拜五預演是縣府排定的，去一定要穿。」

「為什麼早不通知？」

「縣府才通知嘛！」

「時間太匆促，趕不及啦！」

「不管了。反正到時候要就是了。趕不及也要趕！」說著，她站起來就走了。

趕不及也要趕！既然是這種局面了，又能如何？難道剪好了的布可接回去，退回布店？時間只有兩個白天和兩個夜晚，舞衣又是瑣瑣屑屑的工作很多的，除了衣服本身要這種顏色配那種顏色，要鑲邊，要加亮片，要釘扣子，要腰帶，要加鬚鬚……做好了又要熨，工作紛繁不堪，怎麼辦？只好調人了。蜜子調了兩名以前教過的學徒，一名親戚，加上她和我，除了上廁所、吃飯、喝水，整整兩天兩夜，不眠不休地拚，終於禮拜五清晨準時交貨了。

貨是交了，貨款呢？

「以為今天交不了貨，沒帶來。明天請鄞老師送過來好了。」

要人家「趕不及也要趕」，卻說以為交不了貨，豈有此理！

還好，第二天鄞老師把貨款送來了。

蜜子把經過情形的怪異提出來。

「吳老師的妹妹從事服裝製作，學校舞衣每年都由她承包，這次她沒爭取到，所以採取敵對態度，並慫恿王老師說，這衣服是我爭取來給妳做的，我可以拿到回扣。其實，天知，地知，丁老師知，妳知，我知，這是丁老師知道妳作得好，說要給妳做的。妳去量衣服以前，我根本不知道是妳做的呀！」

「原來是這樣！」

啊！原來是這樣！

1990 年 1 月 10 日太平洋日報文化

一道光芒閃過

錢是偷到手了；但是，他沒有立即離去。他猶豫著。

是該趕快離去的。哪有人偷了人家的錢不趕快離去，等著被捉的？

「不該偷人家的錢！」這是他猶豫著沒有立即離去的原因。

是呀！他的爸爸和媽媽都這樣說過，他的老師也這樣說過。

他不是偷了錢才想起這話的，偷錢以前這句話就在他心中和他打對台了。

不管偷東西或偷錢，當小偷是不對的，會造成被偷的人蒙受損失、煩惱、焦急，甚至尋死，不僅他父母和老師說不可以做，在道德上是違背良心，會受到良心的譴責，在法律上則構成犯罪，會受到法律制裁。這些道理他都知道。可是他還是偷了人家的錢了。他的心裡一直有著矛盾。他一直猶豫著，從想偷錢起，一直到錢已經到手了的現在。

　　雖然他的功課一直普普通通，不頂突出；但是他一向規規矩矩，是一個人們眼中的好孩子，即使到現在他已經偷了錢了，在他父母和老師眼中仍然是的。他們還沒發現他最近的變化。

　　才不到兩個星期。那一天，那個要命的那一天。有什麼辦法？是鬼迷心竅？是所謂「一失足成千古恨」？他被劉利華帶進電動玩具遊樂場，不，帶進錯誤的路口，以至而今難以自拔！他不知道他是否走過奈何橋？能不能回頭？再回頭又將如何？

　　「電動很好玩耶！」「打電動去！」……「不打？不好玩？你去打打看！包你一下就被迷住！」……

　　去打電動玩具以前，他就聽到好多人對電動玩具的議論。他們包括他的父母、老師和同學等等。一般說來，小孩子以說好玩迷人為多，說得繪聲繪影的，好使人嚮往；大人卻多持反對，說那會使人鬼迷心竅，明知那是吃角子老虎，仍然「明知山有虎，偏向虎山行」，尤其是會死而無悔。到底真相如何？他不得而知，但是，他一向是不去的。他一向認為那是壞孩子去的地方。可是就是會出現那一天——

　　那一天，是的，那要命的那一天，他終於被劉利華帶去了。

　　「哇！真好玩！」

　　他被迷住了。他走過奈何橋，找到了一個「福地洞天」了。

　　從那一天起，那些光明黑暗、五顏六色，那些槍砲子彈、妖魔鬼怪、太空戰士、科學怪人怪獸、飛機飛船飛碟飛彈等等影像，那些神奇、怪誕、緊張、綺情等等，每天無時無刻圍繞著他。只要有時間，有機會，他便走進電動玩具遊樂場，圍繞在他四周的便是真實的；其他的時間，即使在上課，吃飯，洗澡，上廁所，走路，打球，做功課甚至作夢，也都有那些幻影圍繞在他的周圍。

　　他被迷上了，而且愈陷愈深。

　　他原本是有儲蓄的。他把他父母平日給的零用錢存起來。本來已經累積相當的數目了，都存在郵局裡。自從他走進電動玩具遊樂場，他的郵局存款便在他偷偷的提領下，漸漸由胖變瘦，以致於領到不能再領，以致於向同學借，終至債台高築，沒能償還；但是同學逼債很緊，有些已經出言恐嚇，再不還就要動武了。他只得決定挺而走險。

　　今天傍晚，當他走出那個電動玩具遊樂場，天色已晚，街燈已亮。他的心裡雖然矛盾、猶豫，仍然下手偷了。

　　他下手的對象是一名婦人。看見她把機車往人家走廊一放，忘了取走放在前置物籃裡的錢包便走進一家人

家，他便下手了。

是的，錢是偷到手了；但是他沒有立即離去。他心裡很矛盾。他猶豫著。

是該趕快離去的。哪有人偷了錢不趕快離去，等著被捉的？

「不該偷人家的錢！」他想著他父母和老師的這句話。他也聯想著被偷的人被偷了錢後的苦況……。

約才五分鐘，他看見了那名婦人急匆匆地從那家房子出來，探看她的置物籃，然後現出焦急搜尋的樣子……。

他知道她在找她的錢包。他想她一定走進去後發現忘了取走，立刻回頭來取的。她那焦急的樣子，予他心中以很深的刺激震撼。

霎時，似有一道光芒閃過他的眼前，他不再猶豫，堅定不移地走向她，把錢包遞還給她……。

1990 年 2 月 6 日太平洋日報文化